Mr Dupont de Nemours.

42384

SUR

LE DROIT

DE MARQUE

DES CUIRS.

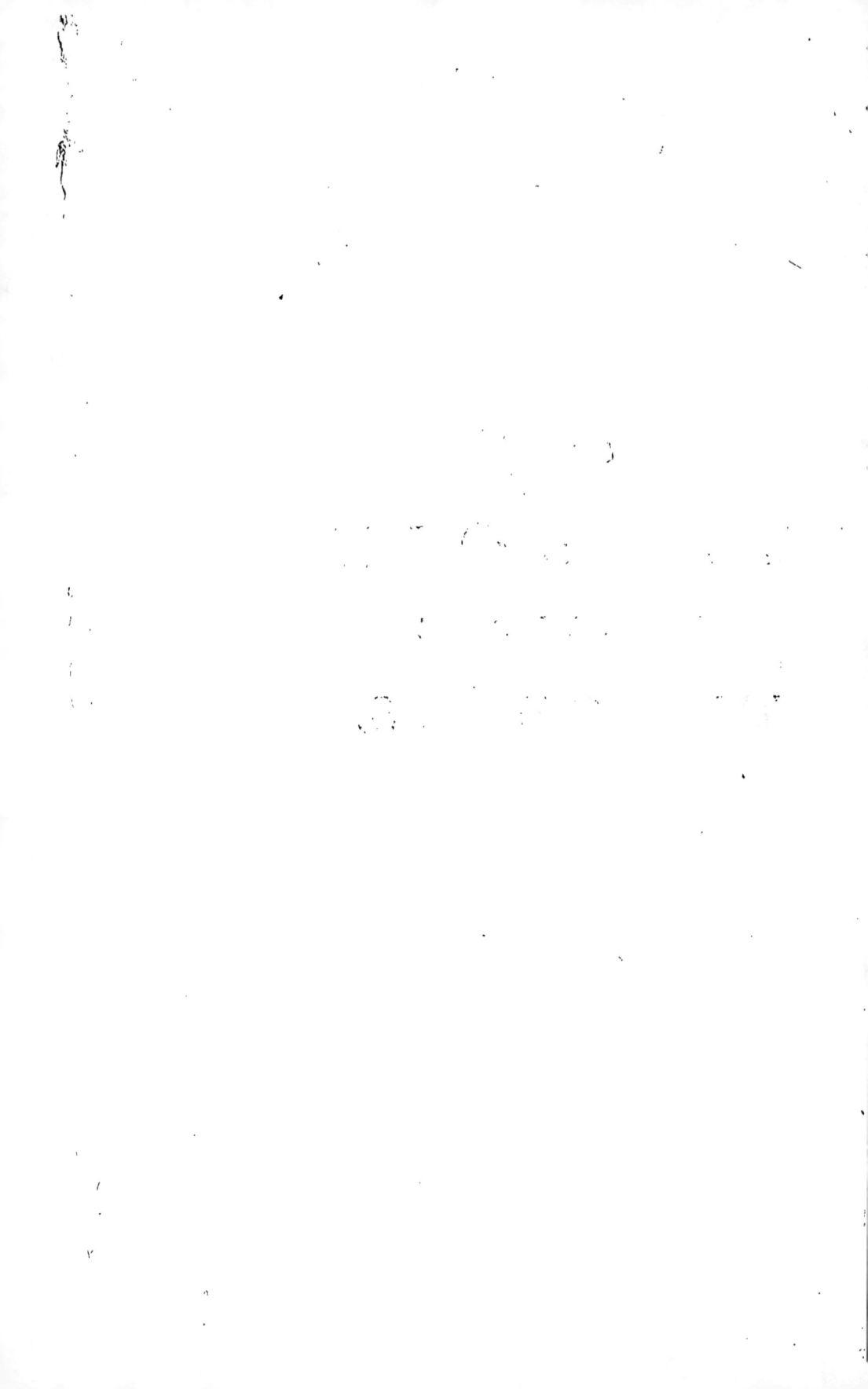

RAPPORT

FAIT

SUR LE DROIT

DE MARQUE

DES CUIRS,

PAR UN CONSEILLER D'ÉTAT,

EN 1788.

A PARIS,

DE L'IMPRIMERIE DE LA VEUVE GOUJON FILS,

rue Taranne, n.º 737.

An XII. — 1804.

PRÉFACE.

Ce Livre n'est pas destiné au Public.

On n'en imprime qu'un petit nombre d'Exemplaires, pour épargner les fraix et sur-tout les lenteurs de la copie, dans le cas où il pourrait devenir nécessaire de soumettre les Faits et les Principes qu'on y a recueillis au Gouvernement, à ses Ministres, aux Conseillers-d'État, et aux Tribuns, dont il demande les avis.

Le rétablissement d'une partie des Droits d'Aides, la création d'une nouvelle Régie pour les administrer, la tendance naturelle de toute Compagnie à multiplier ses attributions; l'espèce de *réaction* qui porte à remettre en vigueur toutes les Institutions, bonnes ou mauvaises, qui ont précédemment eu lieu, inspirent une crainte assez légitime que quelque jour, en fouillant dans les décombres de l'ancienne Finance, quelque faiseur de Projets n'y trouve des notions imparfaites sur le Droit de marque des Cuirs, et ne le présente comme une ressource fiscale.

Cette ressource serait funeste, contraire à l'intérêt de l'État et à celui du Prince. C'est ce dont ne pourra douter aucun de ceux qui auront la patience de lire ce *Rapport.*

Il a été fait au mois d'août 1788, pour M. LAMBERT, alors Contrôleur-général, par un Conseiller-d'État, qui, dans plusieurs places de confiance intime, sous tous les Ministres de Louis XV et de Louis XVI, à l'exception du seul Abbé Terray, avait eu, depuis 1763, une grande part à l'administration de l'Agriculture, du Commerce et des Finances, et même à quelques Négociations politiques très-importantes.

S'il n'est pas question de renouveler un Impôt particulier sur les Cuirs, cet Ouvrage restera enseveli parmi des papiers de famille.

Mais si quelqu'un tente d'égarer sur ce point l'opinion du Chef de l'État, ce sera une action louable que de lui faire connaître le passé.

L'Auteur, aujourd'hui plus que sexagénaire, et prêt à faire un long voyage au-delà des mers, ne veut pas que l'absence, ni la mort, l'empêchent de rendre encore ce service à la Patrie.

Ce sera en même-tems une sorte de monument historique. On a prodigué au malheureux Louis XVI le nom de *Tyran :* ses Ministres et son Conseil ont été calomniés. On verra combien les vertus de ce Monarque infortuné encourageaient les bonnes intentions de ses Ministres, et quelle application laborieuse, scrupuleuse, minutieuse peut-être, ses Conseillers-d'État portaient dans leurs travaux.

FAUTES D'IMPRESSION,

que l'on prie les Lecteurs de vouloir bien corriger ou faire corriger à la main.

Page 27, ligne 4 : *changement arrivé dans la* ; mettez *changemens arrivés dans sa.*

Même page, ligne 5 : *effet ;* mettez *Effets.*

Page 33, ligne 4 : conviennent ; *mettez* continuent.

Page 124, ligne 28 : accoutumé, le tems ; *mettez* accoutumé; que le tems.

Page 134, lignes 11 et 12 : le principal droit ; *mettez* le principal du droit.

Page 142, ligne dernière : *rayez* est.

Page 147, ligne 19 : *tout ; mettez* tous.

Page 162, ligne 18 : *rayez* la.

Page 191, ligne 20 : travail ; *mettez* rapport.

Page 242, ligne 27 : prorogent ; *mettez* prorogeant.

Page 257, ligne 19 : on trouvera ; *mettez* on en trouvera.

DU DROIT
DE MARQUE
SUR LES CUIRS.

Et des changemens qui peuvent être nécessaires
dans la forme de cette Imposition.

~~~~~~~~~~

INTRODUCTION.

Il y a bientôt vingt-neuf ans (1) que le droit actuel de *Marque sur les cuirs* est établi, à la place de plusieurs droits anciens qui existaient légalement dans la moitié du Royaume ; mais dont la perception n'y avait pas lieu , parce qu'ils étaient attribués à des *offices*, et que les Tanneurs eux-mêmes s'en étaient rendus adjudicataires.

Ce droit a constamment occasionné des réclamations très-fortes. Le Gouvernement s'est, à diverses reprises , occupé de constater à quel point elles étaient justes ou mal fondées.

En 1775 , M. *Turgot* consulta MM. les Intendans à ce sujet, et les chargea de vérifier les faits qui lui avaient été exposés.

(1) Ce rapport a été fait en août 1788.

A

Sur leur rapport, il s'était déterminé à proposer au Roi de supprimer le droit de marque ; mais la Régie ayant toujours différé de lui remettre des renseignemens qu'il avait jugé nécessaires pour éclairer les moyens de remplacement , il ne put terminer cette opération.

En 1778, M. *Necker* se fit représenter le travail qui avait été fait sous le ministère de M. *Turgot.*

Il parut disposé à en suivre les vues.

Il fit rédiger à cet égard un mémoire très-étendu.

Il se laissa ensuite persuader qu'en chargeant la Régie des Aides de la perception du droit de marque des cuirs , il obvierait à l'inconvénient dont il avait été le plus frappé, celui de l'énormité des fraix de perception; et il crut suffisant de joindre le droit sur les cuirs aux autres droits qui seraient confiés à la Régie Générale.

En 1786, on a encore songé à supprimer le droit de marque des cuirs. Des projets de loix ont été rédigés.

Cet objet avait d'abord été compris parmi ceux dont les Notables auraient à s'occuper.

Ensuite on le réserva pour être discuté par le COMITÉ *d'Aministration du Commerce* , institution qui n'a point eu lieu, et que celle du *Bureau de Commerce* a remplacée.

Cependant les plaintes des Tanneurs sont

arrivées aux Notables directement. M. *Lambert* s'en est occupé même avant son ministère, et depuis, il y a toujours donné une
attention soutenue.

Il a consulté de nouveau les Administrateurs des provinces ; et il a chargé le Conseiller d'État qui avait suivi ce travail sous
M. *Turgot* et sous M. *Necker*, de lui rendre
compte, non seulement des réponses de MM.
les Intendans, mais encore de ce qui s'est
fait jusqu'à présent sur cette matière, et
des différens projets qui ont été et qui sont
proposés.

Pour se conformer aux intentions de ce
Ministre, on divisera ce Mémoire en cinq
parties.

La première contiendra quelques recherches sur l'origine et l'histoire des impôts et
droits de marque sur les cuirs depuis 1585,
jusqu'à l'établissement du droit unique, en
1759.

La seconde offrira les changemens arrivés
dans la perception de ce droit, et les réclamations auxquelles il a donné lieu depuis
1759 jusqu'en 1775, avec les réponses des
Régisseurs.

La troisième sera l'extrait détaillé des informations prises en 1775 et 1776 par MM.
les Intendans, sur les effets que le droit avait
alors produits.

La quatrième partie présentera l'extrait des

nouvelles réclamations adressées aux Ministres, par les Tanneurs et les provinces, celui
des réponses des Régisseurs, et celui des dernières informations recueillies par MM. les
Intendans, et envoyées à M. le Contrôleur-
général dans le cours de la présente année.

La cinquième partie développera les différens projets présentés au Ministre, pour suppléer au produit du droit de marque sur les
cuirs, les avantages et les inconvéniens de
chacun de ces projets.

On espère qu'un rapport aussi détaillé ne
laissera lieu à aucun doute.

PREMIERE PARTIE.

De l'origine des Droits de Marque sur les cuirs, et de ce qui s'est passé à leur sujet jusqu'à l'établissement du droit unique.

L'ORIGINE du *Droit de marque* sur les cuirs est purement fiscale.

Son établissement fut en vain décoré de cinq ou six préambules qui présentent les marques liées à la perception de ce droit, comme un moyen de pourvoir aux abus de la mauvaise fabrication, « et *à la malice des hommes,* » qui ne laissant pas assez long-tems leurs » cuirs en fosse, les donnaient de mauvaise » qualité ».

Le prétexte ne trompa personne, quoiqu'il fût assorti à l'esprit réglementaire de ce tems-là, qui ne s'est que trop soutenu et accru depuis, et qui se débat encore en expirant aujourd'hui.

Henri III fit enregistrer, *en lit de justice,* le 16 juin 1586, le premier édit, qui avait déjà un an de date, et par lequel il établit en titre d'office « des contrôleurs, marqueurs de » cuirs, en chacune ville, vicomté, prévôté » ou gros bourg du royaume...... avec

» deux sols tournois de droits par chaque
» grand cuir, et pareille somme par douzaine
» de peaux de veau, moutons et autres ».

La plupart des offices ne furent point achetés, et leur suppression fut prononcée au mois de mai 1588.

Il faut dire avec peine que *Henri IV* et *Sully* renouvellèrent cette création d'offices, et les rendirent héréditaires, et que c'est depuis eux que les droits sur les cuirs ont subsisté.

Pourquoi mirent-ils ces impôts sur les cuirs plutôt que sur toute autre branche d'industrie? Il est impossible de le savoir. Il n'y avait aucune raison de préférence. Le hazard en décida sans doute. La noblesse alors était presque toujours à cheval; on usait beaucoup de bottes; le commerce des cuirs était florissant. Les Tanneurs, qu'on n'avait point vexés, et dont la profession, qui oblige de vivre dans la malpropreté et de respirer sans cesse une mauvaise odeur, n'invite pas à la concurrence, passaient pour riches et devaient l'être. Tels furent vraisemblablement les motifs de détermination.

Quand on ignore qu'il ne faut pas mettre d'impôts sur l'industrie, on en voit une branche qui prospère, on la frappe; elle tombe; c'en est une autre qu'on remarque après elle, on y court; et ainsi de suite, jusqu'à ce que le commerce soit détruit.

L'Édit fut donné à Folembray, au mois de janvier 1596, et enregistré en *lit de justice* le 21 mai 1597, sous la clause « que les de- » niers ne seraient employés qu'au paiement » de l'armée et des Suisses ».

Le tarif était de moitié en sus de celui de *Henri III.*

Cet Édit ne put être enregistré qu'aux Cours des Aides de Paris, Rouen, Dijon et Clermont-Ferrand, et n'eut d'exécution que dans leur ressort.

Le Parlement de Rouen différa son enregistrement jusqu'au 9 août 1601.

En 1627, le Cardinal de Richelieu cherchant des fonds extraordinaires pour la guerre contre les protestans, et pour la campagne où fut prise la Rochelle, fit rendre à Louis XIII deux édits pour mettre de nouveaux impôts sur le commerce des cuirs, toujours sous le prétexte de police.

Le premier de ces édits, daté du mois de février, ajoute aux Officiers contrôleurs, visiteurs, marqueurs de cuirs, de nouveaux Officiers *prud'hommes* héréditaires, qui s'assureraient de la bonne fabrication, et qui devaient apposer un plomb aux cuirs, avant que les contrôleurs-visiteurs-marqueurs imprimassent leur marque sur le cuir même.

On attribuait aux Prud'hommes le même droit qu'aux contrôleurs-visiteurs-marqueurs, et six deniers en sus pour droit de plomb.

C'était déjà un doublement de l'impôt sur les cuirs, dans le très-mauvais principe de tirer un secours momentané de la vente de ces impôts, ou des offices auxquels on en attribuait la perception.

Alors on ne savait pas emprunter. On créait des impôts et des charges, et on les aliénait; cela ruinait l'état aussi sûrement et plus vite.

Le second Édit du mois de juin de la même année était encore plus odieux, et portait sur un prétexte encore plus frivole; le même qui depuis a donné naissance à la caisse de Poissy.

On alléguait que les marchands et fabricans de cuirs ne trouvaient pas toujours le débit de leurs marchandises en les apportant aux Halles, et qu'en vendant aux ouvriers qui emploient cette matière, ils étaient exposés à des pertes et à des frais de recouvrement. On disait aussi qu'il s'élevait des *noises* pour le partage entre les ouvriers qui employaient le cuir, lorsqu'ils s'étaient réunis plusieurs afin d'en acheter un lot.

En conséquence, on créait pour la ville de Paris trente Officiers vendeurs, dix Officiers lotisseurs, et dix Officiers déchargeurs de cuirs; et pour les autres villes du royaume, des offices pareils, autant qu'il en serait jugé nécessaire.

Les Tanneurs et Mégissiers ne durent s'adresser, pour le débit de leurs cuirs, qu'aux Officiers-vendeurs, chargés par l'Édit de payer comptant à ces fabricans tous les cuirs qu'ils apporteraient aux halles et marchés.

Les ouvriers qui employent le cuir ne purent non plus s'adresser qu'aux Officiers-vendeurs pour s'en procurer; il fut ordonné qu'ils seraient contraints au payement « sous trois » jours, comme pour deniers et affaires de Sa » Majesté », et que cependant ils ne pourraient enlever les cuirs du magasin des Officiers vendeurs, que le payement ne fut effectué.

Il fut attribué aux Officiers vendeurs un sol par livre du prix des ventes.

Les acheteurs ne furent plus les maîtres du choix, ni d'avoir la meilleure marchandise, en la payant le plus haut prix. Les Officiers-lotisseurs durent faire des lots égaux en valeur; il leur fut atribué, à cet effet, un droit de *douze deniers* par lot.

Les Officiers-déchargeurs eurent trois sols par charrette.

Les deux Édits ne purent être enregistrés qu'au bout de cinq mois en *lit de justice*, au Parlement et à la Cour des Aides de Paris. Ils le furent ensuite aux Cours des Aides de Dijon et de Clermont-Ferrand. Ils ne le furent point encore en celle de Normandie.

On négocia avec les Cours de cette province et avec la Cour des Aides de Paris, en se prêtant à l'esprit réglementaire dont elles étaient alors animées, adoptant les formalités qu'elles indiquaient, et les faisant servir de base à des *arrêts d'extension.*

Le Parlement de Rouen avait rendu, le 4 février 1609, un arrêt de réglement pour fixer le tems que les cuirs devaient rester en fosse.

On confirma son arrêt, et un autre arrêt de réglement de la Cour des Aides de Paris, par un Arrêt du Conseil du 30 mars 1628, qui assujétissait en outre les Tanneurs et Mégissiers à faire aux Prud'hommes déclaration de tous leurs achats de cuirs verds et en poil.

Deux autres arrêts du Conseil des 24 septembre 1628 et 10 février 1629, adoptant encore les dispositions du réglement de la Cour des Aides, ordonnèrent que les Prud'hommes ou leurs commis seraient appelés à l'exercice lors de la mise des cuirs au tan, et lorqu'on les en relèverait.

Tous les cuirs connus des prudhommes devaient aux Officiers-vendeurs le droit, qui s'étendit ainsi des cuirs fabriqués aux cuirs verds, crus et en poil. Ces Officiers purent ainsi ne jamais perdre les cuirs de vue; et l'Édit de leur création établissant leur droit à la vente, sans spécifier que ce ne serait qu'à la première, ce droit se trouva établi, d'abord par le fait, ensuite par des arrêts du Conseil, sur toutes les ventes et reventes. L'extension réglementaire prêtait la main à l'extension fiscale : dignes sœurs !

Les ventes secrètes furent prohibées pour

les cuirs qui ne pouvaient s'apporter aux Halles, parce qu'ils se débitaient dans des campagnes trop éloignées : il fut prescrit de faire des déclarations au plus prochain bureau d'officiers-vendeurs.

La Normandie résistait encore à toutes ces formalités vexatoires ; on les réunit dans un Édit du mois de juin 1633, que le Duc de Longueville, assisté de deux Conseillers d'Etat, fit enregistrer à la Cour des Aides de Normandie.

Sur cet enregistrement, les charges d'Officiers-vendeurs, pour les villes et marchés de cette province, trouvèrent des acquéreurs à la cour, et dans les premières compagnies de magistrature.

Ces acquéreurs d'un rang distingué, Officiers-vendeurs, déchargeurs et lotisseurs de cuirs, louèrent par baux publics les droits dont ils étaient aliénataires à des agens subalternes ; et, ce qui diminuait un peu le mal ordinairement aux Tanneurs et Mégissiers soumis à leur régime. Ceux-ci donnaient de l'argent, et se rachetaient ainsi de la vexation. D'ailleurs, les propriétaires des Offices étant des gens considérables de la Cour et de la ville, ignoraient la fabrication et le commerce des cuirs : de sorte que les Tanneurs, dans leurs baux et dans leurs abonnemens, esquivaient une partie du fardeau.

Mais quelquefois aussi ils ne s'accordèrent

point avec les propriétaires d'Offices. Un
grand nombre de Tanneurs et de Mégissiers
de Normandie représenta dans une requête
au Parlement de Rouen, que l'édit de 1633
n'était enregistré qu'à la Cour des Aides, et
qu'on ne devait pas percevoir en Normandie
un impôt non vérifié en Parlement. Sur cette
requête, le Parlement de Rouen rendit le 22
août 1651 un arrêt, portant défense de percevoir dans son ressort les droits de prudhommes et ceux d'officiers-vendeurs.

On reprit avec cette Cour une négociation.
Elle consentit à enregistrer, à condition, 1º.
qu'il serait fait remise des droits dûs depuis
son arrêt de défense ; 2º. que, non-seulement
les droits des Officiers-vendeurs seraient réduits en Normandie à la moitié de ce qu'ils
coûtaient dans le ressort des Cours des Aides
de Paris, de Dijon et de Clermont-Ferrand,
mais qu'on réduirait de même à moitié de
l'ancien taux les droits de Contrôleurs-visiteurs-marqueurs dans cette province ; 3º.
qu'excepté pour les grands cuirs, sur lesquels
les droits resteraient ainsi fixés à six deniers,
au lieu d'un sou pour livre de la valeur, il
serait fait, pour toutes les autres espèces de
cuirs et de peaux, un tarif à tant par peau,
ou par douzaine, qui serait encore plus avantageux ; 4º. que les cuirs n'acquitteraient les
droits qu'après qu'ils seraient tannés ; à l'effet de quoi il en serait fait déclaration, regis-
tré, etc.....

En conséquence de cet accord, on rédigea l'Édit de novembre 1652.

Les Officiers propriétaires mirent opposition à son enregistrement. Cette opposition est *vidimée* dans l'arrêt qui les en a déboutés, et par lequel l'édit a été enregistré le 10 décembre 1652; leurs noms y sont rapportés. Ces Officiers contrôleurs, visiteurs, marqueurs, prud'hommes, vendeurs, déchargeurs et lotisseurs de cuirs, étaient une Dame de la cour, de grande naissance et parfaitement alliée, un proche parent de M. le Chancelier, un Maître des requêtes, un Président de la Chambre des Comptes de Paris, un Conseiller à la Cour des Aides de Paris, un Auditeur des comptes, et les Administrateurs de l'Hôtel-Dieu et des Incurables de Paris : on couvrait ainsi d'un prétexte de bienfaisance et de charité les créations d'impôts, les aliénations d'offices qui multipliaient les pauvres et surchargeaient les hôpitaux.

Le Parlement de Rouen, en enregistrant l'Édit convenu avec lui, y apporta néanmoins la modification, que les contribuables auraient le choix de payer les droits des vendeurs, ou conformément au tarif, ou sur le pied de six deniers pour livre de la valeur.

Les propriétaires des charges d'Officiers-vendeurs se plaignirent que le tarif concerté avec le Parlement de Normandie n'égalait pas

» la valeur des six deniers pour livre, à la-
» quelle ils avaient, disaient-ils, consenti à
» réduire leur perception »; ils obtinrent en
conséquence des lettres-patentes du 22 décembre 1655, qui rétablirent ces droits sur le
pied de six deniers pour livre. Le Parlement
de Rouen se refusa encore à l'enregistrement
de ces lettres, et après dix-huit mois de nouvelles négociations, il se borna à faire dans
son arrêt d'enregistrement du 17 août 1657,
un nouveau tarif, un peu plus avantageux aux
officiers que ne l'était l'ancien.

Nous avons cru devoir exposer de suite
tout ce qui a regardé le régime particulier
établi en Normandie, depuis 1633 jusqu'en
1657. Nous devons dire qu'en 1635, une Déclaration du 16 février avait soumis les pelleteries aux droits des officiers; disposition qui
a conservé sa force pour les préparations de
peaux en pelleteries faites par les Tanneurs,
Mégissiers et Pelletiers en gros, et dont les
Pelletiers-Foureurs ont seuls obtenu d'être
exempts dans la suite.

Cette extension est la seule qui ait eu lieu
jusqu'en 1687, que M. Colbert, soit pour
faire une ressource de finance, soit pour connaître le produit de la perception que faisaient les différens officiers aliénataires des
droits sur les cuirs, ne dédaigna point d'in-
sérer dans l'ordonnance générale des fermes
un titre particulier pour établir, en sus de

tous les droits, ce qu'on appellait le *parisis*, *sols et six deniers pour livre*, c'est-à-dire, une augmentation de *six sols dix deniers quatorze seizièmes pour livre* du principal des droits ; augmentation qu'il fit percevoir au profit du Roi par les fermiers des aides, qui furent autorisés à faire, concurremment avec les officiers, les visites, marques, inventaires, procès-verbaux de contraintes qui seraient nécessaires, et à marquer les cuirs d'un marteau particulier.

Six impôts différens, celui des contrôleurs-visiteurs-marqueurs, celui des Prud'hommes, celui des vendeurs, celui des déchargeurs, celui des lotisseurs et celui du Roi ; et trois marques accumulées, celle des Prud'hommes, celle des contrôleurs-visiteurs-marqueurs, et celle du fermier des aides, avec toutes les vexations que chacun de ces impôts devait comporter ; tels étaient le régime et la charge imposés à la fabrication et au commerce des cuirs : et c'était M. Colbert qui avait ajouté au fardeau supporté par ce commerce important, les *six sols six deniers quatorze seizièmes pour livre*, avec tiercement de marque et doublement de formalités !

Lorsqu'on étudie l'histoire, on trouve que toutes les réputations ont un fondement, et que presque toutes sont exagérées.

En 1689, *Louis XIV* reconnut par Édit du mois de novembre, « que les différens droits

» qui se lévaient sur les cuirs étaient à charge
» à ceux qui en faisaient le trafic, non pas
» tant, dit-il, à cause de la multiplicité de
» ces droits » (cette multiplicité était cependant déjà un grand mal), « que parce
» que se trouvant partie en ses mains, et
» partie en celles des propriétaires des Offices
» de contrôleurs, visiteurs, marqueurs, prud-
» hommes, vendeurs, déchargeurs et lotis-
» seurs, les marchands étaient obligés de
» faire porter leurs marchandises en différens
» bureaux pour y acquitter les droits; ce qui
» causait même doubles fraix pour la per-
» ception ». On aurait cru que cette considération, qui portait le Roi à réunir ces droits,
l'aurait conduit au moins à retirer les Offices,
et à percevoir en masse à son profit les droits
qui leur étaient attribués. Il y a lieu de penser que cette opération entrait dans les vues
de M. Colbert, lorsqu'il établit les *six sols
dix deniers quatorze seizièmes pour livre*,
et compliqua la perception. M. de Pontchar-
train n'y vit que le moyen de se procurer une
ressource momentanée de finance pour les
fraix de la campagne, et l'occasion d'aliéner
les *parisis, sols et six deniers pour livre*, en
faisant payer aux propriétaires des Offices les
» sommes auxquelles ils seraient modérément
» taxés par le Conseil; au payement desquelles
» ils seraient contraints par toutes voies dues
» et raisonnables (vente forcée), et au moyen
» de

» de quoi ils seraient confirmés dans la jouis-
» sance de leurs Offices et droits y attri-
» bués ».

Quant à ceux des Offices qui avaient été
établis pour la ville de Paris, et dont les
propriétaires, sans doute pour leur intérêt
bien entendu, s'étaient abstenus de percevoir
les droits en leur entier, le même Edit de
1689 ordonne la réunion de leurs Offices au
domaine, leur liquidation, leur remboursement, et « l'adjudication au plus offrant et
» dernier enchérisseur desdits Offices et droits,
» ensemble du parisis, sols et six deniers pour
» livre ».

Il y avait dans cette mauvaise opération au
moins un avantage pour le commerce et pour
les contribuables; c'était que les différens
droits étant réunis entre les mains des mêmes propriétaires, qui, pour ménager les
fraix, se faisaient représenter en chaque lieu
par un seul fermier, ces droits se trouvaient,
malgré la variété de leurs dénominations, réduits de fait à un droit unique, dont les propriétaires et les fermiers avaient intérêt de
simplifier la perception.

Une Déclaration du 15 décembre 1703, enregistrée le 9 janvier suivant, établit une
augmentation de droit d'un quart en sus, et
assigna aux Officiers des gages; augmentation et gages qu'on les obligea d'acheter, ou
qui, à leur défaut durent être vendus à ceux

qui se présenteraient. Le préambule dit « qu'il
» aurait été plus profitable de retirer les Of-
» fices, et de les revendre ; mais que pour la
» peine et l'embarras que cela causerait aux
» propriétaires, on a préféré de les confirmer
» en la propriété et hérédité de leurs Offices,
» et pour les mettre à portée de fournir les
» secours dont on a besoin, de leur donner
» des gages, et d'augmenter l'impôt ». Les
expressions de cette déclaration, rédigée par
M. Chamillard, sont très-obscures. Elle attribue aux Officiers « *un quart* d'augmentation
» des anciens droits et de ceux de *parisis,*
» sols et six deniers, pour faire un cinquième
» en sus d'augmentation sur tous lesdits droits.
» Elle leur donne *vingt mille livres* de ga-
» ges pour *deux quartiers* de quarante *mille*
» *livres* leur être payés. Les principes des
finances et les règles de la rédaction étaient
également ignorés.

On trouve néanmoins dans la Déclaration
de 1703 nne disposition relative à la perception. C'est qu'il ne sera payé que le
demi - droit des Contrôleurs et des Prud'-
hommes aux Halles de Paris et des autres
villes où les cuirs seront vendus, et que le
droit d'Officiers - vendeurs n'y sera que d'un
sol pour livre ; l'autre demi - droit et l'augmentation du cinquième devant être payés
dans les villes et lieux où les cuirs auront
été tannés et apprêtés : disposition qui an-

nonce une intention louable, et qui paraît avoir pris sa source dans les conventions déjà faites à ce sujet entre les contribuables et les officiers, formellement rappellées dans la loi suivante.

Cette loi du 6 février 1706, régistrée à la Cour des Aides le 20, est la dernière qui ait précédé l'établissemeut de la marque actuelle. « Les droits, dit le préambule, donnent tous » les jours matière à contestation entre les » propriétaires et les Tanneurs et autres em- » ployés à l'apprêt et façon des cuirs »..... *Ils* nous ont très-humblement supplié, « con- » tinue le Législateur, d'expliquer quelques » dispositions.... qui pourraient encore faire » naître entr'eux une nouvelle matière à con- » testation ».

Le mot *ils* ne paraît, dans le préambule, applicable qu'aux propriétaires; car le réglement est entièrement en leur faveur.

L'article I.er confirme les anciennes loix.

L'article II ordonne « que les Officiers » seront établis dans tous les lieux des res- » sorts des Cours des Aides de Paris, Dijon, » Clermont - Ferrand et province de Nor- » mandie, où ils se trouveraient ne l'avoir » encore été, ou avoir été abandonnés, nom- » mément dans les villes et élections de Poi- » tiers, Thouars, Niort, Saint - Maixent et » autres, et dans ceux où leur propriété avait » été cédée au Roi par le sieur Duret et au-

» tres propriétaires »; car alors, quand les financiers n'avaient pas trouvé leur compte en achetant des Offices, le Roi les déchargeait de leurs soumissions, ainsi qu'il a fait dans ces derniers tems en faveur des banquiers qui n'ont pas débité avantageusement les portions d'emprunts pour lesquelles ils avaient sous-crits. Le monde n'est pas beaucoup changé.

L'article III rétablit le payement entier des droits de Contrôleurs et de Prud'hommes, dans le lieu de la fabrication pour les cuirs tannés et façonnés.

L'article IV établit le payement de ces mêmes droits en entier, et celui des vendeurs, pour tous les cuirs en poil ou en laine, dans le lieu de l'abatis, lorsqu'ils seraient destinés à sortir du ressort des quatre Cours où les Offices existaient.

L'article V exempte des droits de Contrô-leurs et de Prud'hommes, et modère le droit des vendeurs au sol pour livre, sur les cuirs en poil ou en laine, dans le lieu de l'abatis, lorsqu'ils seront destinés pour le ressort des trois Cours où les droits sont établis sur le pied le plus haut, à la charge de déclaration dont registre, et accorde, 1º. « que le paye-
» ment du sol pour livre pour le droit des
» vendeurs, sera imputé sur leur droit défi-
» nitif, si les cuirs reviennent pour être fa-
» çonnés dans le lieu de l'abatis ».

2º. « Qu'il ne sera point innové à l'égard

» des conventions volontaires faites dans les
» villes de Paris, de Lyon et dans quelques
» autres ». En effet, les propriétaires d'Offices de ces grandes villes n'y percevaient
les droits de vendeurs que sur le pied d'un
sol, au lieu de vingt deniers pour livre, afin
de ne pas trop décourager le commerce, et
de ne pas détourner les Tanneurs de leurs
marchés. L'intérêt avait été plus habile que
la loi.

L'article VI confirme le tarif particulier à
la Normandie, et fait par le parlement de
Rouen en 1657.

L'article VII défend de vendre, ni d'employer aucun cuir façonné, qu'il n'ait été marqué, à peine de confiscation et de cinq cent
livres d'amende.

L'article VIII autorise les visites des commis chez tous les fabricans de cuir et les ouvriers qui les employent, et donne foi aux
procès-verbaux des commis.

L'article IX ordonne que les droits des
Officiers-vendeurs seront perçus à chaque
vente et revente.

L'article X ordonne que ces mêmes droits
soient payés par tous les ouvriers qui employent des cuirs, dans le lieu de leur domicile, encore qu'ils les ayent déjà payés au lieu
de l'achat.

L'article XI annonce le tarif contenu dans
les articles XII, XIII, XIV, XV, XVI, XVII,

XVIII, XIX, XX et XXI, en réservant les conventions usitées dans les villes de Paris, de Lyon, et dans quelques autres qui ne sont pas nommées.

L'article XXII ordonne que les fabricans de cuirs, et les ouvriers qui les employent, qui changeront de domicile et ne l'éloigneront pas de plus de trois lieues, payeront les droits au lieu de leur ancien domicile, à moins qu'ils ne viennent habiter un lieu où il y ait des Officiers établis.

L'article XXIII confirme les propriétaires dans leurs Offices, à la seule charge de représenter la quittance des finances payées en vertu de la déclaration de 1703.

Nous nous sommes étendus sur cette loi, parce que c'est elle qui a fixé le régime sous lequel la fabrication et le commerce des cuirs ont subsisté cinquante-trois ans, et jusqu'à l'établissement du droit de marque actuel.

Ce régime, quoique un peu moins mauvais que celui qui avait été établi par M. Colbert, était certainement d'une nature très-injuste et très-dangereuse.

A n'en juger que par la législation, et si elle eût été suivie à la rigueur, le commerce des cuirs devait être plus gêné et plus malheureux qu'il ne l'est aujourd'hui.

Deux marques, celle des Prud'hommes et celle des Contrôleurs-visiteurs-marqueurs.

Trois droits, celui des Contrôleurs-visiteurs-marqueurs, celui des Prud'hommes, et celui des Vendeurs-déchargeurs-lotisseurs ; (car les Officiers vendeurs avaient acheté aussi ces charges subalternes, dont ils faisaient faire le service et percevaient les droits).

L'obligation, vraiment absurde et odieuse, de payer les droits de vendeurs sur le même cuir dans le lieu de l'achat, dans celui du debit, et à chaque revente.

La nécessité de faire des déclarations à toutes ces espèces d'Officiers;

Celle de les appeler à la fabrication;

Celle de souffrir les visites de leurs commis, étaient les mêmes qu'aujourd'hui.

La foi était de même ajoutée à leurs procès-verbaux.

Toute cette législation, plus imparfaite encore et plus incohérente que celle qui lui a succédé, a pu faire regarder celle-ci comme un bienfait, lorsqu'elle a été proposée dans le ressort des quatre Cours où l'ancienne était établie.

Cependant, si cette législation ancienne était encore plus mauvaise que ne l'est la nouvelle, les effets qu'elle a produits étaient beaucoup moins funestes. Le commerce des cuirs s'était soutenu avec elle, et la fabrication avait même prospéré.

Il convient d'expliquer comment et pourquoi.

1°. Les trois espèces d'Offices étaient en

général possédés par les mêmes propriétaires, ou au moins régis par les mêmes fermiers. Ainsi, au lieu de la complication de trois Régies, il n'y en avait qu'une, et les droits, quoique variés dans leur dénomination, étaient devenus de fait *un droit unique.*

2°. Les Officiers n'avaient fait d'établissement que dans les lieux assez considérables pour en payer les frais. On a vu par l'extrait de plusieurs des loix que nous venons de citer, que les Offices, et les droits qui leur avaient été attribués, avaient été négligés et abandonnés dans un grand nombre de lieux, et dans des Élections entières, faisant partie du ressort des quatre Cours où ils avaient été légalement établis. La fabrication devait naturellement fleurir dans ces cantons où les Officiers n'avaient pas cru devoir étendre leur perception. Elle fleurissait encore davantage dans le reste du Royaume, où l'on n'avait jamais entendu parler d'Offices et de droits sur les cuirs.

Dans ceux mêmes où les droits étaient perçus, les propriétaires des Offices ne faisaient point la perception par eux-mêmes; ils les affermaient à des particuliers peu considérables, qui, chargés pour leur propre compte des frais de poursuites et de procédure, craignaient de s'engager dans des contestations douteuses, et simplifiaient eux-mêmes leur perception, tant pour ne pas devenir odieux à leurs égaux, à leurs confrères, à leurs concitoyens, que pour rendre les produits plus clairs, plus nets et plus réguliers.

4°. Il était même presque généralement arrivé que les communautés de Tanneurs avaient été au-devant des Officiers pour affermer les droits; elles en pouvoient donner un plus haut prix qu'aucuns autres adjudicataires, parce qu'elles en connaissaient mieux la valeur, et qu'elles en sentaient mieux le danger.

Les propriétaires s'étaient donc aisément prêtés à leurs offres, puisqu'ils n'en pouvaient pas trouver de plus avantageuses.

L'abonnement que l'on réclame aujourd'hui s'était fait de lui-même, avec quelque inégalité entre les cantons, mais toujours avec profit pour ceux qui s'y étaient déterminés.

5°. Dans plusieurs villes, les communautés de Tanneurs ne s'étaient pas bornées à devenir fermiers des droits; elles en avaient acquis la propriété, ou du Roi directement, ou des titulaires d'Offices; car il y avait pour remède naturel à l'abus des créations de charges que les personnes considérables, qui les avaient obtenues par faveur, ou à vil prix, aussi pressées que le gouvernement de jouir passagèrement d'une somme un peu plus forte, aliénaient les Offices aussi facilement qu'ils les avaient acquis. Avant trois générations, il arrivait donc qu'un Office, héréditairement propriétaire d'un impôt, tombait entre les mains d'un dissipateur, qui remettait ses droits aux contribuables pour quelque argent comptant. La nature a mille moyens de résister aux mauvaises institutions, ou d'en éluder l'effet; et sans cela, il y a long-tems que les empires seraient détruits.

Ainsi, ces loix sur la fabrication et le commerce des cuirs, n'avaient pas anéanti cette fabrication et ce commerce; d'abord, parce qu'il y avait la moitié du Royaume où elles n'avaient jamais été établies; ensuite parce que, dans les provinces mêmes qu'on y avait soumises, plusieurs cantons avaient échappé au mal supporté par les autres; enfin parce que dans les lieux où les droits et les Offices étaient en vigueur, les contribuables eux-mêmes en étaient devenus propriétaires pour une somme modique, une fois payée, ou fermiers, pour une redevance annuelle peu considérable. De sorte que la perception ne se faisait point, ou ne se faisait qu'avec beaucoup de ménagement, et que la liberté subsistait, ou s'était rétablie dans le pays, quoique la tyrannie se montrât sur le papier. Mais elle y était comme des œufs de chenilles, prêts à éclore, et d'où, à une certaine époque, devait sortir une armée propre à tout dévorer. Cette époque arriva en 1759.

———⬦✳⬦———

~~~~~~~~~~~~~~~~~~~~~~~~~~~~~~~~~~~~

SECONDE PARTIE.

ÉTABLISSEMENT DU DROIT ACTUEL DE LA MARQUE DES CUIRS.

Changements arrivés dans sa législation ; Effets qu'il a produits depuis 1759 jusqu'en 1775.

PRESQUE tous les maux dont la France est affligée viennent de ce que la Nation et le Roi ne se sont pas regardés comme unis ; que le Gouvernement dans ses besoins n'a ôsé parler avec franchise ; que les Cours et les propriétaires ont cru devoir se refuser à toute contribution, même lorsqu'elle aurait le salut de l'État pour objet ; qu'on a été réduit à faire usage de la ruse pour se procurer les secours nécessaires ; d'où est suivi qu'on a pu employer les mêmes moyens en d'autres occasions, et que le peuple a toujours payé les fraix des détours auxquels la crainte de sa résistance conduisait.

En 1759, au milieu d'une guerre malheureuse, on proposa à M. *de Silhouette* de masquer ainsi l'établissement d'un nouvel impôt, sous la réunion en *un droit unique*, perceptible au profit du Roi , des différens droits sur les cuirs, qui avaient été aliénés à vil prix aux Officiers dont le Roi retirerait les Offices.

On y trouvait l'avantage de pouvoir dire aux principales Cours, dont l'enregistrement entraînait celui des autres, plus aisément alors qu'il ne l'a fait depuis, qu'il ne s'agissait point d'un impôt nouveau ; mais de la simplification de plusieurs impôts déjà établis, et de l'uniformité dans leur perception.

Ces Cours ne pouvaient en juger que par les loix qu'elles connaissaient, et non par l'usage qui les adoucissait, et qu'elles n'étaient pas à portée de connaître. Elles ne pouvaient d'ailleurs contester au Roi le droit de rentrer dans les Offices aliénés, et de faire percevoir à la rigueur des droits dont le titre était subsistant. Or cette perception rigoureuse aurait été encore plus à craindre pour la fabrication et pour le commerce que le nouveau droit.

C'est ce que vont montrer les exemples rapportés dans le tableau suivant, où l'on ne fera entrer que les articles principaux pour ne pas copier les tarifs entiers.

(Page 28.) *PARALLÈLE des principaux articles des anciens Droits sur les Cuirs, dans les diverses Provinces qui y étaient soumises, avec les droits établis par l'Edit de 1759.*

	Dans le ressort des Cours des Aides de PARIS, de DIJON et de CLERMONT-FERRAND.	Dans les villes de PARIS et de LYON, et dans quelques-autres, en vertu de conventions originairement légalisées par la Déclaration de 1706.	Dans le ressort du Parlement de NORMANDIE, en vertu de son Tarif de 1657.	Selon l'Edit de 1759.
Cuir de bœuf, supposé de 45 l. de poids et de 50 liv. de valeur.	Droits des Contrôleurs, Visiteurs, Marqueurs........... »l. 5 s. »d. *Idem* des Prud'hommes. » 5 10 *Idem* des Vendeurs.... 4 » » Droits des Déchargeurs............ 4'14 par charretée. Mémoire. *Idem* des Lotisseurs 1 5 par lot.	»l. 5 s. »den. » 5 10 2 10 » Mémoire.	»l. 2 s. 6 den. » 2 11 2 1 8 Mémoire.	
	4 10 10	3 » 10	2 7 1	4 l. 10 s. » d.
Douzaine de peaux de veaux corroyées, supposées du poids de 30 l. et de 52 l. 10 s. de valeur.	Droits des Contrôleurs, Visiteurs, Marqueurs........... »l. 6 s. 6 d. *Idem* des Prud'hommes. » 8 » *Idem* des Vendeurs.... 4 7 6 Droits des Déchargeurs............ 4'14 par charretée. Mémoire. *Idem* des Lotisseurs 1 5 par lot.	» 6 6 » 8 » 2 12 6 Mémoire.	» 3 3 » 4 » 2 5 9 Mémoire.	
	5 2 »	3 7 »	2 11 »	5 » »
Douzaine de peaux de veaux en huile, supposées du poids de 30 l. et de 39 liv. de valeur.	Droits des Contrôleurs, Visiteurs, Marqueurs........... »l. 6 s. 6 d. *Idem* des Prud'hommes. » 8 » *Idem* des Vendeurs.... 3 5 » Droits des Déchargeurs............ 4'14 par charretée. Mémoire. *Idem* des Lotisseurs 1 5 par lot.	» 6 6 » 8 » 1 19 » Mémoire.	» 5 3 » 4 » 1 12 6 Mémoire.	
	3 19 6	2 13 6	1 19 9	5 » »
Douzaine de peaux de moutons tannées, supposées du poids de 10 l. et de 12 liv. de valeur.	Droits des Contrôleurs, Visiteurs, Marqueurs.............. »l. 5 s. »d. *Idem* des Prud'hommes » 5 » *Idem* des Vendeurs.... 1 » » Droits des Déchargeurs............ 4'14 par charretée. Mémoire. *Idem* des Lotisseurs 1 5 par lot.	» 5 » » 5 » » 12 » Mémoire.	» 2 6 » 2 6 » 10 » Mémoire.	
	1 10 »	1 2 »	» 15 »	1 » »

On voit que dans presque toute l'étendue du ressort des cours des Aides de Paris, de Dijon et de Clermont - Ferrand, le nouveau tarif présentait une diminution notable de ce qu'auraient coûté les anciens droits, s'ils eussent été perçus à la rigueur (ce que les Cours ne pouvaient empêcher); et s'ils n'eussent pas été anéantis en quelque façon dans une partie du pays par l'achat que les contribuables avaient fait des Offices, et abonnés dans l'autre par l'effet des baux de fermages passés à ceux qui auraient le plus à souffrir de l'exercice, et qui au moyen de ces baux, ne se trouvaient soumis qu'à un payement annuel en argent, dont ils faisaient eux - mêmes la répartition entr'eux.

Que cette diminution aurait même été sensible dans les villes privilégiées de Paris, de Lyon et autres sur les petits cuirs.

Qu'il n'y avait d'augmentation aux anciens tarifs dans ces villes que sur les grands cuirs et les peaux de veau en huile.

Enfin, que l'augmentation n'était générale qu'en Normandie; mais qu'elle pouvait même être présentée aux Cours de cette province comme un soulagement; parce que le droit des Officiers - vendeurs, exigible à chaque revente, était en cela d'une nature si odieuse et si onéreuse, que l'on ne pouvait trop désirer de le voir aboli, puisqu'il suffisait que les cuirs ou autres peaux eussent été dans le cas de l'acquitter deux fois, pour que l'ancien tarif, réglé par le Parlement de Normandie, devint plus coûteux que celui qu'établissait l'Édit de 1759.

Cependant, ce Parlement et même celui de Dijon, firent attendre leur enregistrement ; celui de Rouen n'obéit qu'à des lettres de jussion, et la perception du nouveau droit n'eut lieu en Normandie et en Bourgogne qu'en 1760.

Les raisons qui pouvaient déterminer les Cours de ces deux provinces, n'étaient applicables qu'à leur ressort et à celui des autres Cours de Paris et de Clermont-Ferrand, dans lesquels les anciens droits avaient été établis, ainsi que les Officiers à qui on les avait aliénés : mais le ressort de ces quatre Cours embrassait les trois cinquièmes du Royaume.

Dans les deux autres cinquièmes, le droit de fabrication sur les cuirs était entièrement nouveau ; aussi son établissement trouva-t-il presque par-tout des obstacles considérables, excepté en Bretagne, où, sur les *premières lettres de jussion,* l'enregistrement eut lieu ; de sorte que par une exception, qui paraîtra très-singulière aujourd'hui, la Bretagne fut la seule province exempte des anciens droits, où l'Édit d'août 1759 eut son exécution dès la même année. On y fit des inventaires, et l'on y paya plus de *soixante et onze mille livres* de droits, pendant que

la Normandie et la Bourgogne contestaient
encore.

En Languedoc, en Dauphiné, en Provence, et dans les ressorts des Parlemens de
Guyenne, de Pau, de Flandre, de Metz et
du Conseil Souverain d'Alsace, la résistance
fut plus forte. Il fallut dans plusieurs Cours
d'*itératives lettres de jussion*; mais les mal-
heurs de la guerre, le motif de l'uniformité,
la menace de fermer aux cuirs des provinces
qui voudraient rester franches du droit de
marque, toute entrée et tout espoir de débit dans les provinces où il serait établi, et
où sont situées les grandes capitales; l'inconvénient réel qui se trouve à ce qu'une branche d'industrie soit soumise dans quelques
provinces à des droits dont elle serait exempte
dans d'autres, vainquirent les difficultés, et
l'établissement du droit de marque fut effectué en 1760 dans toutes les provinces que l'on
vient de nommer.

On était alors dans une très-grande ignorance sur les principes des impositions. On
imaginait qu'un droit sur l'industrie, quoique
vexatoire, quoique surchargé de fraix énor-
mes de perception, quoique propre à faire
naître une multitude de procès, quoique re-
tombant sur les propriétaires des terres, en
diminuant la valeur des bestiaux élevés dans
leurs fermes, avec les fourrages de leurs
prairies, et sur les consommateurs, en haus-

sant le prix, et détériorant la qualité d'une marchandise dont tout le monde fait usage, était préférable à un impôt qui aurait été plus simple, moins litigieux, moins coûteux, moins destructif du commerce; mais qu'il aurait fallu payer directement.

Le droit de marque des cuirs, présenté comme une imposition indirecte, dont le fardeau porterait principalement sur une classe de fabricans qui passaient pour riches, (et qui devaient l'être, puisque leur travail demande des avances considérables, et ne peut appeler la concurrence par aucun autre attrait que le profit) fut donc presque généralement adopté, comme un moyen d'éviter un autre impôt, parce que les consommateurs se persuadèrent que la portion qui en retomberait sur eux serait très-légère, et que les propriétaires de bestiaux, de fourrages et de prairies ne se doutèrent seulement pas que la chose pût les intéresser.

Il y eût cependant quelques provinces où l'on hésita plus long-tems à s'y soumettre; mais ce n'était pas qu'on en connût les conséquences, c'était seulement par la répugnance naturelle contre toute espèce d'impôt.

Les différentes provinces, à cet égard, ignorent encore qu'elles doivent se regarder comme des parties du même tout; comme confédérées pour établir à fraix communs, et

dans

dans une proportion régulière avec leurs facultés, la sûreté et la prospérité du même empire.

Aujourd'hui même, elles *continuent* souvent de parler et d'agir, comme si chacune d'elles était en guerre avec le Roi et avec l'État; et leurs concitoyens croient avoir fait acte de patriotisme, en rejettant, autant qu'ils le peuvent, le fardeau des contributions les plus nécessaires sur les autres provinces.

Elles disent : *chacun pour soi*, et se pardonnent réciproquement ce langage anti-social; mais elles comprendront un jour qu'il ne peut y avoir de justice, de véritable constitution d'État, que lorsqu'on dit ; *tous pour chacun, chacun pour tous;* et qu'on se conduit en conséquense.

La *Franche-Comté* et la *Lorraine* restèrent en arrière relativement au droit de marque des cuirs. Il n'eut lieu qu'en 1762, dans la première de ces deux provinces, et qu'en 1764 dans la seconde.

Ces observations chronologiques ne sont pas inutiles pour discuter les tableaux que présente la Régie et les inductions qu'elle en tire.

Elle ne poussa d'abord dans aucune province la perception à la rigueur.

Les *Etats de Provence* ont démontré que, la première et la seconde année, les per-

ceptions ont été faites dans leur province sur
des évaluations affaiblies des deux tiers, et
il y a lieu de croire qu'il en a été de même
dans le reste du Royaume.

Premièrement, la Régie voulait éviter de
soulever les esprits ; elle trouvait plus sage de
les accoutumer par la douceur à une perception nouvelle.

Secondement, elle manquait de moyens,
de Directeurs et de Commis expérimentés.

Troisièmement, lorsqu'on établit un droit
nouveau, et qu'on en confie l'administration
à une Régie, elle suppose presque toujours
que ce n'est que pour en connaître la valeur,
et que le penchant naturel pour les revenus réguliers conduira bientôt à le mettre en ferme.
Alors c'est une politique assez générale des
Régisseurs, qui espèrent devenir Fermiers,
de faire la perception avec mollesse, afin que
les élémens, qui serviront ensuite à passer le
bail, ne présentent que de faibles produits ;
et de réserver leur habileté pour le tems où
le profit pourra leur appartenir.

Le fait a montré que ce n'est qu'à la quatrième année que la Régie de la marque des
cuirs a été complettement montée ; et, quoique l'on dût penser, alors que les Régisseurs
n'avaient pas encore perdu l'espoir de devenir
Fermiers, c'est à cette quatrième année que
les produits ont été réellement les plus considérables.

Aussi fût-ce dans cette année que les plaintes commencèrent à être très - vives. Les
produits baissèrent dès l'année suivante , et
dans la sixième encore plus. Le Parlement de
Grenoble demanda au Roi de retirer l'Édit, et
de suppléer au droit de marque des cuirs par
une autre imposition.

On promit un nouveau règlement pour
diminuer la rigueur de celui de 1759 , qui
avait soumis les Tanneurs , dans le cours de
leur fabrication, à des formalités imitées de
celles qu'une longue habitude de fiscalité a
successivement accumulées pour la perception
de la plûpart des droits d'Aides.

Ce réglement fut en effet publié : ce sont les
Lettres-patentes du 29 mai 1766 ; leur préambule est remarquable.

« Nous avons reconnu , dit le Législateur ,
» que les déclarations prescrites à chaque
» mise et levée de fosses et cuves, excitaient
» journellement les plaintes des fabricans et
» apprétans cuirs et peaux, sur le fondement
» que ces déclarations réitérées dans le cours
» du travail et des différentes opérations né-
» cessaires aux appréts, leur étaient infini-
» ment onéreuses ; que souvent elles étaient
» préjudiciables à la préparation des cuirs et
» peaux, par l'intervalle qui se trouvait né-
» cessairement entre l'avertissement donné
» aux commis et leur arrivée; et qu'en gé-
» néral elles pouvaient nuire au commerce

» par les entraves qu'elles y apportaient. Nous
» avons remarqué aussi qu'il restait de l'in-
» certitude sur les époques auxquelles de-
» vaient être apposées les marques de prépa-
» ration et de perception, et que c'était une
» double source de difficultés et de contes-
» tations qui pouvaient retarder l'activité, et
» faire obstacle aux progrès d'une branche de
» commerce intéressante pour l'état ».

Ce préambule montre toute la bonne intention du Législateur, et l'on peut même
croire qu'une partie de cette bonne intention
se trouvait aussi dans les Régisseurs qui con-
seillaient et qui rédigèrent la loi. Il n'est point
vrai que les financiers veuillent toujours op-
primer, comme on le croit chez le peuple, et
comme on l'écrit dans les livres ; ils veulent
gagner, et ceux d'entre eux qui ont des lumières, sentent que la destruction est un mauvais moyen de profit. Ils voudraient donc
ménager le commerce et le peuple, comme
un propriétaire de nègres voudrait ménager
ses esclaves, pour qu'ils produisissent davantage et durassent plus long-tems.

Mais l'influence des esprits moins éclairés,
les conseils des directeurs subalternes, la
crainte de l'insubordination et de la fraude,
multiplient les gênes, les formalités, les vexations du fisc, comme celles que le posses-
seur d'esclaves croit devoir se permettre : et
les efforts de l'humanité et de la raison de-
viennent impuissans, quoique sincères.

Les Lettres - patentes de 1766 laissèrent la liberté, articles III et IV, aux Tanneurs de faire apposer la marque de perception sur leurs cuirs en sec ou en humide ; réglèrent la réduction qui devait être faite sur le poids, lorsque l'on préférerait la seconde manière ; et déclarèrent que si l'on préférait la marque sur les cuirs en humide, on aurait six mois de délai pour acquitter le droit qui continuerait de devoir être acquitté sous trois mois, aux termes de l'Édit de 1759, pour les cuirs marqués en sec.

Elles permirent, article VI, aux Tanneurs qui auraient le droit de corroyer, de ne faire marquer les cuirs qu'après avoir reçu leur dernier apprêt. Mais elles laissèrent les Tanneurs, qui n'étaient pas corroyeurs, assujettis à ne pouvoir vendre aucun cuir aux corroyeurs, sans y avoir fait mettre cette marque.

Le même crédit de six mois fut accordé aux hongroyeurs par l'article VIII, pour leurs cuirs mis en suif ; mais sous la condition de ne rien diminuer pour le poids du suif.

Ce crédit fut aussi donné, par l'article IX, aux Mégissiers, Bourreliers et Gorliers pour leurs peaux passées en mégie.

Mais l'article X ne leur alloua que deux pour cent sur les peaux qu'ils auraient déclarées ou fait marquer en préparation, et que le vent aurait emportées de dessus les perches, ou qui seraient déchirées au redressage.

Le dessein de soutenir la fabrique se montre dans plusieurs de ces dispositions, comme dans le préambule ; mais il s'y montre avec la crainte de trop faire aussi pour elle : et dans le surplus de la loi, il est accablé sous la multitude des formalités qui sont prescrites ; des déclarations de jour et d'heure qui sont ordonnées, des obligations de subir telle ou telle visite, de ranger les cuirs de telle ou telle manière, de ne pas les y laisser plus de tel tems, d'en conserver telle portion ; si bien que le régime inquisitorial qui s'y trouvait prescrit, la multitude de contraventions auxquelles il donnait lieu, et les peines multipliées qui devaient inévitablement en être la suite, durent ne faire regarder l'exécution de ces Lettres-patentes que comme un fléau de plus.

Elles étaient particulièrement odieuses dans leurs dispositions relatives à l'accusation de fausse marque ; dispositions qui n'ont pas été révoquées par les loix subséquentes, et qui subsistent encore.

Si les commis suspectent à tort une marque d'être fausse, et jettent injustement un fabricant dans le danger et les dépenses d'un procès de faux, où l'honneur est toujours compromis, la régie n'est condamnée qu'à payer au Tanneur, par forme d'indemnité, trente sols par cuir de bœuf, ou autre grand cuir, vingt sols par peau de veau, ou autre moyen cuir, et dix sols par autre peau, dont la marque a été suspectée, avec dix pour cent de la valeur des marchandises par chaque espace de six mois qu'elles auront été déposées au greffe, si ce dépôt a eu lieu; supplément d'indemnité qui ne se paye point, si les cuirs suspectés ont été remis sous caution au fabricant, après qu'on a enlevé les marques équivoques.

Si, au contraire, ces marques sont jugées fausses, la confiscation du cuir a lieu, et le fabricant est condamné à trente livres d'amende par chaque grand cuir, et vingt livres par chaque peau inférieure. « Sauf aux Pro-» cureurs - généraux et leurs substituts de » rendre plainte contre les auteurs et com-» plices du faux, lesquels, en cas de convic-» tion, seront condamnés, savoir, *les hom-* » *mes aux galères pour trois ans*, *les femmes* » *et les filles, au fouet*; et les uns et les au-» tres, *en trois cent livres d'amende* appli-» cables à la Régie, laquelle amende ne pourra » être modérée pour quelque cause que ce » soit », article XXXIII.

L'article XXXVI laisse aux Régisseurs la liberté de « prendre la voie extraordinaire, » même après le dépôt au Greffe, des » marques suspectées de faux ».

On voit quelle arme inégale et terrible fut

mise et demeure encore entre les mains du Régisseur et de ses Commis.

D'un côté, la confiscation de la marchandise, et de plus trente livres d'amende par cuir, trois cents livres d'amende par individu, le fouet, les galères.

De l'autre, trente sols d'indemnité, si c'est à tort qu'on a tenu pendant des années entières (car la loi prévoit plusieurs délais de six mois chacun) tant de glaives suspendus sur la tête du fabricant.

Il est clair qu'une telle législation a dû assujettir les fabriquans aux employés, au point que ceux-ci ne doivent presque jamais avoir éprouvé aucune résistance ; qu'ils ont dû pouvoir prescrire toutes les conditions, tous les accommodemens, toutes les contributions qu'ils ont voulu aux Tanneurs ; et qu'il a fallu à ces derniers un grand courage, ou un grand désespoir, quand ils ont entrepris de tenir tête à la Régie.

Le préambule des Lettres-patentes de 1772, que nous citerons plus bas, fera voir combien ces dispositions étaient, et sont encore dangereuses.

La terreur imprimée par leur première exécution et l'effet des formalités accumulées releva dans l'année 1766 d'environ *trente mille* francs les produits baissés de *deux cent soixante mille*, depuis 1764 dans la totalité du Royaume : à l'exception seulement de la

Lorraine et de la Franche-Comté, où l'établissement du droit étant nouveau, sa perception faisait encore des progrès.

La continuation de ces progrès, non pas sur la fabrication, mais des progrès de la perception dans ces deux Provinces, où elle fut encore accrue successivement de *cinq*, de *deux*, de *trois*, de *deux*, de *sept mille francs*, durant les années suivantes, n'empêcha point la totalité du produit de retomber d'environ *cinquante mille livres* en 1767 : ce qui dénote alors, dans les autres Provinces, une perte de *cinquante-cinq mille livres*, malgré la plus grande rigueur de la perception.

Toutes ces données sont tirées des états, remis en dernier lieu par la Régie, à M. le Contrôleur-général.

La dégradation des produits fut ensuite croissant d'année en année, jusques en 1769, que le produit total, toujours selon les états de la Régie, fut réduit à... 2,279,374 l. 13 s. 1 d.
dont la perception coutait   783,520   »   »

ou plus de trente-quatre
et un tiers pour cent, et
qui ne donnait de revenu
net que.............. 1,496,854 l. 13 s. 1 d.

Les murmures alors furent très-grands par tout le Royaume, et sur-tout en Bretagne. Le Parlement de Bretagne rendit des Arrêts, pour prescrire des règles aux Commis. Ces démarches, et les réclamations de diverses Provinces, furent peu efficaces.

En 1771, M. l'*abbé Terray*, pressé d'argent, donna ordre d'augmenter les efforts de toutes les Régies, et ne ménagea pas les décisions favorables aux produits. On multiplia les Commis, on leur donna les instructions les plus sévères, on augmenta les frais de la Régie des cuirs de 56,000 francs, et l'on parvint à percevoir ainsi *cent seize mille francs* de plus, dans les neuf derniers mois de 1770, que dans les neuf précédent. Mais, dès l'année suivante, le produit net était retombé de *cent mille francs*, malgré le commencement de la perception des deux sols pour livre en sus du principal, laquelle eut lieu vers la fin de l'année, dans le ressort du Parlement de Paris.

Cette chûte fit encore redoubler de soins et d'efforts; on augmenta encore les frais de Régie de *cent-deux mille francs*, en 1772, et l'on parvint ainsi à procurer, sur le principal des droits, une augmentation de recette de *deux cent six mille livres*, dont *cent quatre* étaient en produit net, qui, joints aux deux sols pour livre, et à la diminution d'un tiers sur les restitutions de droit à la sortie, dont on parlera plus bas, procurèrent un accroissement de revenu de *cent-seize mille livres*.

On sent très-bien que ces augmentations de produits, ni toutes celles qui dérivent de causes semblables, ne peuvent pas être regardées comme des preuves d'augmentation de Fabrique. Dire que la Fabrique a prospéré en raison de ce que la perception a été plus rigoureuse, les saisies plus fréquentes, les confiscations plus multipliées, la terreur plus générale : ce serait avancer une chose si évidemment absurde, qu'on n'oserait l'énoncer ainsi. Mais elle n'en devient pas plus raisonnable, pour être autrement exprimée.

Rien ne prouve mieux combien les peines extrêmes, prononcées contre les fausses marques, devaient être un affreux moyen de vexation, que ce qui est exposé dans le préambule des Lettres-patentes, du 2 avril 1772, sur la difficulté de distinguer les fausses marques des véritables.

« Nous sommes informés (dit le Législateur dans ce préambule), » que les changemens qui » s'opèrent *nécessairement* dans les marques » apposées sur les cuirs et peaux humides....., » rendent la vérification des marques si dif- » ficile....., que les experts qui sont nom- » més, pour la vérification des marques, » éprouvent souvent eux-mêmes des incerti- » tudes qui ne leur permettent pas de porter » un jugement certain ; et que les juges aux- » quels appartient la connaissance des con- » testations, relatives à cette partie de nos » droits, ne peuvent, par une suite de ces » incertitudes, se procurer les connaissances

» nécessaires pour prononcer les peines pres-
» crites par les réglemens : de manière qu'il
» n'existe plus aucune sorte de balance , ni
» d'égalité , entre les fabricans qui remplissent
» fidèlement leurs obligations , et ceux qui
» se livrent à la fraude. »

S'il était impossible de porter un jugement
certain sur la fidélité des marques , à quel
arbitraire ne se trouvaient pas exposés les fabricans qui n'avaient que trente sols d'indemnité à espérer, si l'on jugeait qu'ils eussent
été injustement soupçonnés ; et qui avaient
la perte de leur marchandise , de grosses
amendes , le fouet et les galères à craindre ,
si dans cette incertitude les experts et le juge
se trompaient et les croyaient coupables ?

On crut remédier à cet abus en ordonnant ,
par ces nouvelles Lettres-patentes , que la
marque de perception ne serait plus apposée ,
sur les cuirs et peaux , qu'après que la fabrication en serait achevée , et qu'ils seraient
ce qu'on appelle *secs*.

Le Conseil , peu instruit sur cette matière ,
se laissa persuader que , sur les cuirs secs ,
les marques seraient toujours reconnaissables.
On ne devrait pas le penser , quand il serait
possible de tenir toujours les cuirs au même
degré de sécheresse , à l'abri de toutes les
intempéries.

Mais , par la nature même de cette marchandise , du commerce qui s'en fait , des

voitures qui la transportent, des magasins où il faut la serrer, il n'y en a point qui soit plus exposée à toutes les vicissitudes des saisons, et à toutes les variations possibles d'humidité et de sécheresse. Il n'y en a point sur qui ces variations ayent une plus grande influence.

Plus un cuir est sec et a été tenu chaudement, et plus il est disposé à recevoir, à pomper l'humidité de l'atmosphère, et à s'en imprégner : ce qui s'applique, à bien plus forte raison, à l'humidité de la pluie, dont il est souvent impossible de le garantir. La peau alors se dilate, et se dilate avec inégalité, parce que ce n'est pas un corps dont toutes les parties soient homogènes. Lorsqu'elle sèche ensuite, elle se contracte, et par la même raison se contracte avec une autre inégalité.

Une seule de ces altérations pourrait déformer une marque. Leur alternative, souvent et inévitablement répétée, ne peut que rendre toutes les marques des cuirs du commerce entièrement dissemblables de celles qui restent déposées dans des boîtes, aux greffes des jurisdictions, à l'abri de tout accident, et dans une température à peu-près constante.

Cette dissemblance doit être d'autant plus commune, que les marques, déposées par la Régie aux greffes, pour pièces de com-

paraison , sont faites avec beaucoup de soin ,
et lorsque l'instrument est neuf ; au lieu que
celles du commerce sont apposées avec l'instrument tel qu'il se trouve , mal propre ,
chargé au hazard de corps étrangers qui dé-
figurent l'empreinte , et plus ou moins usé.
La veille du jour qu'on le juge hors de service , on marque encore avec , et il fait des
empreintes très-semblables à celles auxquelles
le Régisseur estime lui-même le lendemain ,
qu'on ne peut ajouter foi.

Ces inconvéniens étaient plus grossièrement
sensibles , lorsqu'on marquait avec des mar-
teaux , qui jamais ne donnaient le coup parfaitement à plomb. On a cru y pourvoir ,
en introduisant l'usage des presses. Mais les
presses , qui font des empreintes plus parfaites ,
sur-tout quand elles sont neuves , sont encore
plus susceptibles de s'altérer , par la malpropreté qui accompagne inévitablement toutes
les opérations sur les cuirs ; et comme elles
ne peuvent empêcher cette matière de se déformer en tout sens , par les effets de la sécheresse et de l'humidité , la confiance que la
perfection de la première empreinte inspire ,
ne sert qu'à induire en erreur , en rendant
plus commun , plus hardi , et par conséquent
souvent plus injuste , le soupçon de fausse
marque.

Les Lettres-patentes de 1772 , introdui-
sirent une autre forme , qui partait d'un

principe d'équité : ce fut d'obliger , art. IV ,
« les Tanneurs, Fabricans , et Apprêtans cuirs
» et peaux , d'avoir chacun un marteau par-
» ticulier , sur lequel seraient gravés leurs
» noms , surnoms et demeures » , dont ils
déposeraient une empreinte au greffe de l'É-
lection , et une autre au bureau de la Régie ,
et qu'ils seraient « tenus d'apposer sur tous
» les cuirs et peaux de leur fabrication , au
» même instant que les Commis les mar-
» queraient de perception.... et directement
» au-dessus de la marque de perception. »

Cette disposition avait pour objet de faciliter
à la Régie , et aux employans cuirs , la recherche de l'origine des fausses marques , et
le recours contre les fabricans qui se les
seraient permises. Mais , aucune bonne intention ne pouvait être plus illusoire dans
ses effets. On n'avait point pensé que tout
homme , capable de contrefaire la marque
du Roi , ne se ferait pas scrupule de contrefaire aussi celle de son confrère , pour détourner les soupçons ; et qu'on n'avait donc
imaginé qu'un moyen d'ajouter la calomnie
à la fraude , d'embrouiller les recherches ;
et de multiplier les injustices , en jettant sur
les Fabricans honnêtes et irréprochables , le
soupçon du délit commis par les faussaires
et les fraudeurs.

L'incertitude dont le Législateur était obligé
de convenir , dans les moyens de reconnaître

la fidélité des marques de la Régie, ne peut
pas être moindre, lorsqu'il s'agit de reconnaître les marques de fabrique; et il n'y a
point de Tanneur, ou de Fabricant de peaux,
qui ne soit exposé à se voir arriver, de cent
lieues, un procès impossible à prévenir, et
qui résultera de ce que, dans une foire, il
se sera trouvé des cuirs sur lesquels un de ses
confrères aura imité sa marque. Ce cas est
souvent arrivé. Le sieur de *Rubigny de Berteval*, Tanneur de Paris, a eu entr'autres
à soutenir un procès de ce genre, qui a duré
plus de deux ans, pour des cuirs à son nom,
et qu'il soutenait n'être pas à sa marque,
saisis chez un Sellier de Franche-Comté.

Les marques sont toujours un mauvais moyen
de reconnaissance, même lorsqu'elles sont
imprimées sur les métaux. Et c'est à quoi
l'on doit penser sérieusement, au sujet des
plombs prescrits pour nos étoffes. Nos manufactures isolées n'ont pu vérifier à quel
point la contrebande trompe, à cet égard,
la vigilance du Gouvernement. Mais, l'ancienne et la nouvelle Compagnie des Indes,
beaucoup plus puissantes et plus protégées,
et qui, pour plus de précaution, ont ajouté
à leurs plombs des bulletins manuscrits, ont
été constamment certaines qu'il a toujours
circulé dans le Royaume, un tiers au moins
de toiles et de mousselines de plus qu'elles
n'en ont vendu, et toutes bien revêtues de

plombs et de bulletins entièrement semblables aux véritables, imités les uns et les autres par les Suisses, les Anglais et les Hollandais, avec une telle perfection, que les personnes même, chargées d'écrire les bulletins, ne pouvaient et ne peuvent distinguer ceux qui sont fidèles, de ceux qui sont contrefaits ; et l'on se fie à des empreintes apposées sur des cuirs et sur des peaux !

Jamais notre commerce ni nos fabriques ne prospéreront, tant qu'au lieu de leur donner de la liberté et des encouragemens, on exigera que leurs ouvrages soient soumis à des marques qui n'assurent aucun avantage qu'aux contrefacteurs, et qui détériorent les mœurs de la Nation, en inspirant le goût de cette profession honteuse, et en ôtant aux fabricans, qui ont de l'honneur et de la probité, tout moyen de soutenir la concurrence.

Il faut, à l'Administration de notre commerce, un régime qui rende inutiles ces précautions illusoires ; ou il faut s'attendre à voir les fabriques et le commerce écrasés, par la suite même des soins que voudrait prendre, pour leur prospérité, un zèle qui manque de lumières.

Si tel est le danger des marques, qui ne doivent constater que la nationalité des marchandises, ou leur conformité aux règlemens, combien ne sont pas plus dangereuses celles qui ne sont relatives qu'au paiement d'un impôt, et dans lesquelles il a fallu, comme pour la marque des cuirs, accumuler les formalités vexatoires, en raison même de ce que la matière à marquer se refusait à conserver aucune trace fidèle.

La Régie a opposé aux Fabricans que, si les effets de la sécheresse et de l'humidité pouvaient déformer les marques sur les cuirs, elles ne pouvaient y transposer les lettres ou en substituer une à la place d'une autre, et qu'il restait donc des caractères de faux reconnaissables. Mais ces faux grossiers, sont ceux que les fraudeurs évitent avec beaucoup de soin. Et quand' on les trouve, on doit craindre que le délit ne vienne pas d'eux. Ils savent mieux leur métier. Dans plusieurs occasions, les Commis ont été accusés, par les Tanneurs, d'avoir employé de fausses marques; pour les saisir ensuite, et perdre des fabricans qui avaient élevé des plaintes, présenté des mémoires aux Ministres, témoigné ce qu'on appelle de l'*insubordination.*

Cette idée fait trembler; mais tout devient possible et vraisemblable, lorsque l'on a introduit des formes et des loix, et fomenté des intérêts, propres à faire habituellement oublier les principes de la morale.

Aux dispositions si dures des Lettres-Patentes de 1766, celles de 1772 en ajoutèrent une autre qui les aggravait; elles voulurent, article XIII, « qu'en l'absence des parties

» intéressées, leurs femmes, ou leurs enfans
» majeurs ou mariés », les représentassent;
et que les déclarations qu'ils feraient valussent
comme si elles étaient faites par le Fabricant
même, « qu'il fût procédé « en présence de
ces femmes timides , et de ces jeunes
gens inexpérimentés, « aux saisies et opé-
» rations en résultantes , sans que les Commis
» fussent tenus de requérir l'assistance du
» Procureur du Roi , ou d'un autre Officier,
» et qu'ils pussent de même continuer ces
» mêmes opérations , sans concours d'aucun
» autre Officier, lorsqu'après les avoir com-
» mencées , en présence de ces femmes ou
» de leurs enfans , ces parties se seraient
» retirées sans en attendre la fin. »

Imaginez qu'il s'agit d'opérations et de pro-
cédures, dont la suite peut être d'un côté la
ruine totale, le déshonneur absolu, le fouet
et les galères , pour un Fabricant même in-
nocent et honnête; et de l'autre , récompense
et avancement pour le Commis entreprenant
et vigilant , et trente sols seulement d'avance
à faire par le Régisseur, pour lequel même
ils ne seront point une perte réelle, puisqu'il
les passera en compte au Roi.

Ajoutez à cela la disposition générale des
Ordonnances, qui veulent « que les Commis
» des Fermes, Aides et Régies, soient reçus
» *sans aucune information de vie et de*
» *mœurs*, ni conclusions du Procureur du

» Roi, ni de ses Substituts, et que néan-
» moins leurs procès-verbaux *fassent foi en*
» *justice* » ; et vous verrez à combien de
maux, l'industrie, le commerce, les familles,
les entreprises utiles, la richesse des Nations
sont exposés, lorsqu'on préfère les impôts
sur le travail et par exercice (dans lesquels
on ne peut jamais juger du dommage que
souffre le Peuple, par la somme que reçoit
le Roi), aux contributions qui seraient pro-
portionnées aux fortunes des contribuables,
d'une part, et aux besoins publics de l'autre,
et qui n'emporteraient aucune gêne sur le
travail, aucune atteinte à la liberté.

La dernière disposition nouvelle des Lettres-
patentes de 1772, fut la diminution, dont
nous avons déjà dit un mot, et qui fut or-
donnée sur la restitution à la sortie des droits
payés à la fabrication. Au lieu de rendre,
comme par le passé, le droit en entier, il
fut réglé par l'article XI que, « la restitution
» n'aurait lieu que pour les deux tiers du
» droit, et ne pourrait être exigée qu'aux
» bureaux du lieu de l'enlèvement. »

Le principe de cette disposition était la
supposition qu'un tiers du droit de fabrication
était fraudé.

Mais le remède ne pourvoyait point au mal,
puisqu'il ne faisait, ni ne pouvait faire aucune distinction entre les cuirs, dont les Fabricans avaient acquitté fidèlement les droits,

et ceux pour lesquels on ne les avait point acquittés.

C'était donc mettre un impôt du tiers de la valeur du droit de marque, sur le fabricant honnête qui travaillait pour l'étranger ; et donner une prime double de cet impôt à celui qui avait l'esprit d'être fraudeur.

Cette combinaison n'était ni juste, ni raisonnable.

La prime du fraudeur, sur l'exportation, fut même, dès cette première année, plus que double de l'impôt établi sur le fabricant de bonne foi ; car la même loi, qui diminua d'un tiers du droit principal la restitution, établit les deux sols pour livre de ce droit principal, et n'ordonna point la restitution de ces deux sols. L'impôt de l'honnête homme, et la récompense donnée à la mauvaise foi, étaient déjà dans la proportion de *dix à vingt-trois ;* elle est plus fâcheuse aujourd'hui que *huit nouveaux sols pour livre* ont été ajoutés aux anciens, la restitution continuant de n'avoir lieu que pour les deux tiers du principal, et n'étant point accordée aux sols pour livre.

L'impôt sur le Fabricant de bonne foi, qui veut vendre à l'étranger, est de cinq neuvièmes de la perception totale qui a lieu sur la fabrication, ou plus lourd que ne l'est le droit principal. Nos cuirs, qui passent à l'étranger, sont donc actuellement chargés de *onze* pour *cent,* de droits , et soumis à des formalités gênantes , pour éviter de payer davantage.

Il est impossible de croire que de tels arrangemens aient pu favoriser la fabrique , et très-étrange que les Régisseurs cherchent et aient perpétuellement cherché à le persuader.

Il faut se former une idée nette de ce que c'est que le droit de marque des cuirs , sur-tout depuis que les Lettres-patentes , de 1766 et de 1772 , ont aggravé les dispositions de l'Édit de 1759. C'est, sous prétexte d'une marque et d'un droit de fabrication , celui de rançonner arbitrairement plusieurs classes de Fabricans, et de leur vendre la liberté de continuer leur travail , ainsi que la conservation de leur honneur et de leur fortune : Droit confié par les Régisseurs en chef à leurs Directeurs et Commis , sous la condition d'en faire à la Régie un partage avantageux , à peine de ne point avoir d'avancement , et néanmoins à la charge d'éviter, autant qu'il sera possible , de causer trop de scandale et de murmures.

La perception d'un tel droit invite les Fabricans à séduire les Commis , et ceux-ci à se prêter à la séduction.

L'esprit de fraude devient général chez les uns et chez les autres ; il est le seul conservateur de la fabrique : conservateur injuste,

partial , inégal , arbitraire , comme le fléau
qu'il balance. La morale d'un grand nombre
de Citoyens se trouve perdue ; les principes
de probité et d'honneur affaiblis. Leur destruction ne borne pas ses effets à ce qui est
relatif aux produits du droit ; la pauvreté d'une
part , le découragement , qui est la suite
d'un état perpétuel de gêne d'une autre , et
le défaut de délicatesse d'une troisième , con-
duisent à la mauvaise fabrication , qui accélère
la rentrée des fonds et les occasions de perception , mais qui diminue la valeur réelle
de la marchandise ; qui augmente par conséquent en proportion le poids de l'impôt , qui
décrédite la fabrique , qui assure à l'étranger
l'avantage de la qualité , comme celui du
meilleur prix , et rend la concurrence impossible à soutenir.

Dans un tel état de choses, il n'y a aucun
argument à tirer de la somme des produits ,
relativement à l'étendue de la fabrication. Les
produits augmentent en raison de ce que les
Commis reçoivent des ordres plus sévères ,
ou de ce qu'étant plus surveillés , ils se croyent
obligés de faire la part de la Régie meilleure.
En pressant l'éponge, on en tire un peu plus
d'eau , et l'on avance le moment où elle
sera épuisée.

La Régie , selon les tableaux qu'elle vient
de donner , poussa les frais de perception ,
en 1773 , jusqu'à *neuf cent quatre-vingt-dix-*

sept mille cent quarante-sept livres, pour une perception dont le principal n'était que de *trois millions deux cent quarante-cinq mille livres*, et qui en y ajoutant les sols pour livre, et en retranchant les restitutions, ne donnait que *deux millions quatre cent-cinquante mille livres* de revenu net au fisc.

D'autres calculs, qui furent mis alors sous les yeux du Gouvernement, estimaient plus haut les frais de Régie; et si l'on y eut compris les dépenses litigieuses et les accommodemens clandestins, on eut certainement trouvé que l'impôt coûtait à la Nation plus du double de ce qu'il rapportait au Roi.

Les murmures devinrent innombrables depuis 1773 jusqu'en 1775. Plusieurs brochures furent imprimées. Les Tanneurs de toutes les Provinces présentèrent des Mémoires, accompagnés de tableaux effrayans de la diminution des fabriques.

La Régie y opposa d'autres tableaux, qui montraient que depuis 1772, jusqu'en 1775, les produits étaient plus considérables que dans les premières années de l'établissement : « ce qui indiquait manifestement », disait-elle, « que la fabrication avait augmenté, » loin d'être diminuée. »

Elle y joignait d'autres tableaux, dans lesquels, en énonçant nom par nom les Fabricans, elle en trouvait un plus grand nombre que lors de l'établissement, et concluait que « son

» Administration n'avait pas été funeste, et
» qu'il ne fallait pas écouter ce qu'elle ap-
» pellait les vaines déclamations des Provinces
» et des Tanneurs. »

Ceux-ci repliquaient qu'il y avait de l'art
dans les tableaux de la Régie; qu'elle com-
parait les dernières années, dans lesquelles
elle avait forcé de moyens, avec les premières,
où son établissement n'étant pas encore monté,
la perception n'avait été ni générale, ni rigoureuse; qu'elle confondait, dans les tableaux
du nombre des Fabricans, les véritables Fabricans et les employans cuirs; et qu'en nom-
mant les fabriques, sans désigner leur force,
elle en grossissait le nombre par de petits
ouvriers, sans moyens, établis sur les ruines
de fabriques considérables, dont une seule
avait fait, lorsqu'elles étaient en vigueur, plus
de travail que dix de ces pauvres suppléans.

M. Turgot voulut vérifier les faits; et ayant
remarqué qu'alors, comme on l'a vu quelquefois auparavant et depuis, le Département
ordinaire accoutumé à conférer plus souvent
avec les Régisseurs, avait de la disposition
à en adopter les raisonnemens et l'esprit, il
chargea M. de Fourqueux de cette vérification.

Celui qui tient ici la plume, alors Inspecteur-général du Commerce, y fut employé
sous ses ordres.

Une Lettre-circulaire fut écrite à tous MM. les Intendans.

Il n'était encore arrivé qu'une partie de leurs réponses, lorsque M. Turgot fut disgracié.

MM. les Intendans des Finances furent remerciés peu après.

Le travail de M. de *Fourqueux*, relativement au droit de marque des cuirs, fut renvoyé à M. *Blondel*.

Celui-ci proposa à M. Necker de le faire continuer.

On rassembla ce qui existait de réponses de MM. les Intendans.

Soit qu'ils n'eussent pas tous répondu , ou que dans les déménagemens rapides de papiers, qu'entraînaient les changemens de Ministres et de Département , et par l'incertitude qu'ils portent dans les renvois , quelques-unes de leurs lettres eussent été égarées , on ne trouva la correspondance que de treize d'entr'eux ; mais les cartons présentent quelques renseignemens sur quatre autres provinces.

M. *Necker* et M. *Blondel* , chargèrent le même Inspecteur-général du Commerce, rédacteur du rapport actuel , de faire l'extrait de cette correspondance et l'examen des divers projets proposés.

M. Turgot, dont le zèle pour le bien public ne se démentit jamais , et triomphait même des antipathies personnelles, corrigea en secret ce travail, destiné à M. *Necker*, et dont celui-ci devait seul recueillir la gloire.

On n'en présentera ici que la première partie, qui contient l'exposition des faits tels qu'ils étaient en 1775 et 1776, et qu'il peut être utile de comparer avec ceux qui ont lieu aujourd'hui.

Les projets actuels, étant différens de ceux qui avaient été mis alors sous les yeux du Gouvernement, demandent une discussion nouvelle et plus étendue, qui, selon le plan qu'on a cru devoir se prescrire, formera la cinquième partie de ce rapport.

~~~~~~~~~~~~~~~~~~~~~~~~~~~~~~~~~~~~~~~

TROISIÈME PARTIE.

Extrait *des informations prises en 1775 et 1776, sur l'état des Fabriques de Cuirs et de Peaux, et sur les effets produits par le Droit de Marque.*

Tiré du premier Rapport fait à M. Necker, en 1778.

» Les Tanneurs, et autres Fabricans de cuir de toutes les Provinces du Royaume, ont adressé au Gouvernement des réclamations contre le Droit de Marque imposé sur la marchandise qu'ils fabriquent et sur les formalités attachées à sa perception. Ils ont présenté des tableaux effrayans de la décadence du commerce des cuirs.

» A ces tableaux, les Régisseurs en ont opposé de contraires, et ils ont sur-tout appuyé sur l'augmentation des produits de la Régie, qui paraît selon eux la preuve la plus évidente d'un accroissement de fabrication.

» Quelques Administrateurs ont été frappés de cette augmentation apparente des produits, et l'ont regardée comme une réponse suffisante aux réclamations des Tanneurs.

» D'autres ont observé , 1.º qu'une plus grande activité de la part des Régisseurs; 2.º que plus d'expérience de la part des Commis ; 3.º que plus de terreur répandue sur les contribuables par la multiplicité des procès ; 4.º que des précautions nouvelles établies par des loix , que les Régisseurs ont sollicitées en différens tems ; 5.º que la diminution des restitutions du droit , dans le cas de sortie à l'étranger, réduites, en 1772 , aux deux tiers de la valeur de ce droit, tandis qu'auparavant on restituait le droit en entier ; 6.º que l'addition des deux sols pour livre; pouvaient avoir augmenté la recette de la Régie , sans qu'on fut bien fondé à en conclure un accroissement de fabrication , et même quoique la fabrication eut souffert une diminution réelle.

» Tous ont remarqué avec douleur que , malgré les soins et l'économie des Régisseurs, les fraix de perception s'étaient montés, l'un compensant l'autre, au moins à trente-cinq pour cent de la recette totale (2).

---

(2) Cette observation était le résultat des pièces remises à M. de Fourqueux , en 1775 , et qui ne se trouvent plus au dossier.

Les tableaux présentés par la Régie , en 1788 , ne portent pas tout-à-fait aussi haut l'estimation des fraix ; mais selon ces nouveaux tableaux, ils avaient toujours

» Le Gouvernement aurait pu se décider, d'après ces premiers apperçus; mais, croyant devoir apporter la plus grandé maturité dans une affaire de cette importance, il a, par une Lettre - circulaire , demandé de nouveaux éclaircissemens à MM. les Intendans.

» Tous n'ont pas répondu , ou du moins les réponses de tous ne se trouvent pas dans le dossier de cette affaire.

» Parmi ceux dont on a les réponses, il y en a trois qui ont cherché les éclaircisse-mens qu'on leur demandait, dans les regis-tres mêmes des Directeurs de la Régie. Ils présentent des tableaux extraits de ces regis-tres, et en tirent, comme les Régisseurs, des conséquences favorables.

» Les autres ont chargé leurs Subdélégués, et les Officiers - Municipaux des lieux où se trouvent des Tanneries , de leur procurer des renseignemens positifs sur l'état ancien et sur l'état actuel de ces fabriques. Ils sont tous ex-trémement défavorables à la Régie.

» M. de Marcheval, M. de Crosne, M. Case de la Bove , et quelques Subdélégués de M. l'Intendant de Languedoc , ont combiné les deux sources; et leurs conclusions contre la

---

été à environ *trente* pour *cent*, jusqu'à l'époque dont il s'agit, et s'étaient quelquefois élevé au-dessus de *trente-quatre*, comme on l'a vu dans la seconde partie de ce Mémoire , pages 41, 55 et 56.

Régie sont de même très-fortes et très-positives.

» Il y a quelques Provinces, par rapport auxquelles on n'a pas sous les yeux les réponses de MM. les Intendans, qui peut-être n'ont pas eu le tems d'en faire, mais sur lesquelles on trouve, dans le dossier, des pièces qui contiennent des renseignemens ».

EXTRAIT *des Lettres et Mémoires de* ceux *de MM. les Intendans, qui sont favorables à la Régie.*

A L S A C E.

M. *de Blair*, par sa lettre du 29 septembre 1775, annonce que non seulement l'impôt établi en 1759, « *n'a porté aucun préjudice au » commerce des cuirs en Alsace, mais même » qu'il a fait cesser, dans cette Province, » une importation de cuirs étrangers, qui » se montait auparavant à la valeur de » 200,000 liv. par an.* »

« Cette lettre, comme on voit très-affirmative, est soutenue d'un Mémoire fort bien fait, dont M. *de Blair* annonce avoir recueilli les matériaux, dans les registres même de la Régie.

» L'un et l'autre méritent d'être examinés avec la plus grande attention. Mais, après

y avoir porté cette attention scrupuleuse ;
on est obligé de convenir que le résultat ne
paraît pas, à beaucoup près, aussi avantageux
à la Régie, que l'était ce premier aspect.

» D'abord, il est difficile de comprendre,
comment l'établissement d'un impôt de *dix
à onze pour cent* de la valeur des produits
d'une fabrique, dans une Province où les
anciens droits que cet impôt a dû remplacer
n'étaient pas en vigueur, et comment les formalités litigieuses, attachées à la perception
de cet impôt, ont pu faire prospérer cette
fabrique et diminuer l'importation étrangère?
Ce qu'il y aurait d'extraordinaire, dans un
pareil résultat, porte à douter du premier
effet, et à chercher une autre cause du second.

» On trouve cette autre cause énoncée aux
pages 3 et 4 du Mémoire, que M. *de Blair*
joint à sa lettre.

» Avant 1759 (dit M. *de Blair*), *l'importation des cuirs de fabrique étrangère,
dans la Province, n'était arrêtée par aucune prohibition, et l'on pourrait presque
dire par aucuns droits ; car celui de Péage,
qui se percevait et qui se perçoit encore sur
la frontière, ne montant pas alors à trois
deniers pour livre pesant de cuir, ne pouvait
produire aucun effet pour empêcher la concurrence, et même la préférence du mar-
chand étranger, sur le fabricant National.*

» Il paraîtrait, de cet exposé, que les fabriques

briques étrangères pouvaient établir leurs cuirs
à plus bas prix que celles d'Alsace. Le fait
n'est cependant pas constant ; car on voit par
le tableau que M. *de Blair* a joint à son
Mémoire, que dans la même époque de la
première année de la Régie, où les droits de
dix pour *cent*, sur l'importation, ont produit 12,375 liv. , ce qui suppose une importation de la valeur de 123,750 liv. en cuir,
la restitution du droit pareil sur l'exportation,
a produit 17,330 liv. , ce qui suppose une
exportation de cuirs valant 173,330 liv. , ou
de près d'un tiers plus forte que l'importation.

» S'il n'y avait pas de droits prohibitifs ,
il arriverait, en effet, tout naturellement que
chaque lieu de consommation tirerait les cuirs,
au besoin, de la Tannerie la plus voisine ,
étrangère ou nationale. Cela serait à l'avantage
de tout le monde, et le tableau que présente
M. de Blair montre qu'à cet ancien état de
liberté, il n'y avait rien à perdre pour nous.

» *Le droit sur les cuirs de fabrique natio-*
nale, ayant été établi par l'Edit d'août 1759
(continue M. de Blair), *l'arrêt du Conseil*
du 24 *septembre de la même année établit*
un droit de dix pour cent sur les cuirs
importés de l'étranger ; mais ce droit , ne
faisant que représenter celui de la fabri-
cation, qui est aussi à peu-près du dixième
de la valeur des cuirs , les étrangers con-
servaient la même facilité d'importer qu'ils

avaient auparavant. Ils continuèrent donc leur importation, et en effet, depuis le mois d'avril 1760, jusques et compris le mois d'août, il entra dans cette Province pour environ 123,750 liv. de cuirs étrangers, autant qu'on en peut juger par la recette de la Régie, sur cette partie, qui s'est montée à 12,375 liv.

» Mais, par la décision du Conseil du mois d'août 1760, postérieure d'un an à l'Édit qui a établi la Régie des cuirs, ceux venant de l'étranger furent assujettis à un nouveau droit d'entrée de *vingt pour cent,* et ce droit, comme le remarque très-bien M. de Blair, « *joint à celui de la Régie qui est de dix* » *pour cent, et avec celui de péage qui a* » *continué de se percevoir, et enfin avec* » *les sols pour livre de ces différens droits,* » *a formé un objet d'environ trente-cinq pour* » *cent, au moyen de quoi il n'a plus été* » *possible à l'étranger de soutenir la con-* » *currence avec le fabricant national.* » Aussi, l'importation des cuirs étrangers, en Alsace, a-t-elle rapidement et progressivement baissé depuis cette époque, et est-elle presque nulle aujourd'hui, comme il paraît par les états de la Régie; et comme on pouvait le présumer.

» Ces faits, rapportés par M. de Blair, sont clairs et concluans; ils établissent fort bien que ce n'est point le droit sur la fabrication des cuirs, ni la Régie de ce droit, qui ont arrêté l'importation étrangère , et il est assez sensible qu'ils ne pouvaient pas le faire ; mais que c'est le droit prohibitif sur l'entrée des cuirs étrangers , qui a presque entièrement interdit cette importation.

» On doit donc éviter de confondre ces deux objets.

» Il sera plus facile en les séparant , de juger des effets du droit sur les cuirs et de sa régie , d'après les tableaux que M. de *Blair* envoye , et qui lui ont été communiqués par les Régisseurs.

On va transcrire le principal de ces tableaux.

ANNÉES.	DROITS DE			TOTAL.	Restitution, ou droits restitués sur les Cuirs de fabrique nationale portés à l'étranger.
	Fabrication sur les Cuirs fabriqués dans la province d'ALSACE.	Importation sur les Cuirs de fabrique étrangère apportés dans la Province.	Exportation sur les Cuirs en verd enlevés de la Province.		
	liv. s. d.	liv. s. d.	liv. s.	liv. s. d	liv. s. d.
1.ᵉʳ Avril.					
1760 à 1761	106,498. 10. 6	12,375.13. 4	2,598. »	121,402. 5.10	17,330. 1. 9
1761 à 1762	124,440. 8.3	4,387.19. 5	3,843,10	132,671.17. 8	23,481. 3. 6
1762 à 1763	126,819. 5.9	3,771. 7. 1	438. »	131,028.12.10	23,885.14. »
1763 à 1764	153,274.18.6	1,388.13. 8	483. »	155,246.12. 2	20,105.15. »
1764 à 1765	146,919.17.»	931. 8. 7	550. »	148,401. 5. 7	29,388. 3. »
1765 à 1766	146,153. 1.9	524.17. 1	715. »	147,392.18.10	29,921. 4. 3
1766 à 1767	143,988. 8.9	778.14. 1	230.10	144,997.12.10	21,882. 6. 1
1767 à 1768	142,602.14.2	549. 8. 1	594.10	143,746.12.10	17,702. » 6
1768 à 1769	149,249.13.7	683. 1. 6	650.10	150,583. 5. 5	15,933.17 »
1769 à 1770	144,723.12.9	420.12. 9	283. »	145,427. 5. 6	16,268. 7.11
Avril a Janv.					
1770 à 1771	110,088. 5.2	342. 6. 7	556. »	110,986.11. 9	12,070. 6. »
...1771...	139,957.17.4	442.19.10	236. »	140,636.17. 2	15,566. 1. 4
...1772...	136,654.12.9	339.15.11	108. »	137,102. 8. 8	15,481. 2. »
...1773...	131,134.14.»	485.15. 1	11. »	131,631. 9. 1	10,197.17. »
...1774...	130,108. 2.9	183.19. 1	164.10	130,456.11.10	7,907.11. 0

» Il résulte de ce tableau ,

» Que les trois premières années de la Régie , dans lesquelles on avait laissé aux fabricans un délai pour le débit de leurs anciens cuirs , dans lesquels encore les Commis étaient peu expérimentés , et les ruses de la fraude plus faciles à exercer, ont été peu productives pour la Régie.

» Que la quatrième année où sa manutention commençait à être bien montée , a produit pour le droit de la fabrication 153,274 liv. , qui , sur le pied de *dix pour cent* , suppose , non compris la fraude , une fabrication de la valeur de 1,532,740 liv.

» Que depuis cette époque le produit a toujours baissé ; que l'année commune des trois dernières , ne se monte qu'à 132,633 liv.

» La différence de cette recette à celle du tems où la Régie a commencé à être bien montée , et où elle n'avait pu se bien monter qu'en nuisant beaucoup aux Fabriques , est de 20,641 liv. ce qui suppose une diminution de fabrication de la valeur de *deux cent six mille quatre cent dix livres.*

» Cette diminution serait bien plus considérable, sans l'établissement du droit de *trente-cinq pour cent*, sur l'importation étrangère qui repousse de la Province une importation que M. *de Blair* estime à la valeur annuelle de 200,000 liv.

» Les Fabriques de la Province ayant à

remplacer une consommation de 200,000 liv. ,
que fournissait anciennement l'étranger , auraient dû augmenter leurs travaux jusqu'à
concurrence de cette somme , et leur travail
étant tout au contraire baissé de *deux cent
six mille livres* par an , la perte réelle
est de *quatre cent six mille francs* par
an , sur une fabrication qui se montait, anciennement, à environ 1,532,000 livres , et
qui aurait dû , en vertu du privilége exclusif
à elle accordé par le droit prohibitif de
l'entrée , se monter à 1,732,000 liv. , s'il
n'y eut point eu de dégradation.

» On peut donc conclure , des tableanx
présentés par la Régie , que la diminution
réelle de la fabrication , en Alsace , est d'environ deux quinzièmes malgré l'existence d'un
droit prohibitif de l'importation étrangère ,
qui a diminué celle-ci de 200,000 liv. par an.

» Qu'elle est de près d'un quart , de plus
de deux neuvièmes , si l'on considère l'augmentation de travail que ce droit prohibitif
paraissait devoir offrir à la Fabrique Nationale.

» C'est sous ce dernier aspect qu'il faut
considérer l'effet du droit sur la fabrication ,
et des formes qu'on y a jointes ; car cet
effet ne doit pas être confondu avec le résultat du droit prohibitif, qui a contrebalancé
et compensé la moitié de l'influence naturelle
du droit et de la Régie.

» Quant à l'exportation, si l'on fait une année commune des six premières années, on trouvera qu'elle a occasionné pour 24,018l. de restitution de droit, ce qui suppose l'exportation de la valeur d'environ 240,000 liv. en cuir.

» Pour former l'année commune de celles qui suivent, il faut remarquer, qu'au mois d'avril 1772, M. *l'abbé Terray* a réduit la restitution aux deux tiers de la valeur du droit, ce qui donne à commencer, de cette époque, un nouvel ordre de choses.

» L'année 1770 ne se trouve comptée que pour neuf mois, le commencement de l'année de la Régie, qui était au mois d'avril, ayant été remis alors au mois de janvier. Mais les trois premiers mois de l'année 1772, faisant partie du tems où la restitution était entière, les six années se trouvent complettes depuis avril 1766, jusqu'en avril 1772.

» Les trois premiers mois de l'année 1772, ont dû procurer le tiers du produit de l'année, parceque, si trois mois dans lesquels on rendait la totalité ou trois tiers de l'impôt, et neuf mois dans lesquels on ne rendait que deux tiers, ont produit vingt-sept tiers d'une somme quelconque, il est clair qu'il y en a neuf tiers qui proviennent des trois premiers, et dix-huit tiers seulement des neuf derniers.

» D'après ces élémens, l'année commune de ces six n'est que de 17,675 liv., ce qui suppose l'exportation de la valeur de 176,750 l. seulement , ou une diminution de plus d'un quart sur les cuirs exportés dans la seconde époque de six années de la Régie , que dans la première.

» La dernière époque comprend trente-trois mois dont les neuf derniers de 1772 et les deux autres années complettes; elle donne au total 28,966 livres 5 sols de restitution ; ce qui en établit l'année commune à 9,460 liv. 9 sols 1 denier , à quoi l'on doit ajouter la moitié en sus , pour savoir ce qu'aurait valu la restitution entière , puisque dans cette époque elle a été réduite d'un tiers. Si cette réduction n'eut pas eu lieu, l'année commune des restitutions , dans cette troisième époque, aurait donc été de 14,190 l. , ce qui suppose une exportation d'environ 141,900 liv. ; la diminution continue d'être progressive ; elle est plus d'un sixième sur la seconde époque , elle est de près de cinq douzièmes depuis la première.

» Ces résultats ne sont point du tout conformes à l'opinion de M. *de Blair.* Mais il paraît, cependant, que ce sont les seuls qu'on puisse tirer de son Mémoire et de ses tableaux.

» Quant au nombre des Fabriques , M. *de Blair* donne un tableau qui constate qu'en 1759, il y avait, dans la Province, 271 Tanneries , et qu'en 1775 , il y en avait 278 , c'est à peu-près l'égalité.

« Il y a de l'augmentation sur les Chamoiseurs, Mégissiers, Maroquiniers, qui n'étaient,
en 1759, que 93, et qui en 1775, se sont
trouvés 107 ; sur les Hongroyeurs, Selliers-
Bourreliers, qui sont montés de 173 à 275 ; et
sur les Pelletiers-Parcheminiers, dont il n'y
en avait, en 1759, que *vingt-neuf*, et dont
on a compté *cinquante-deux*, lorsque M.
de Blair a fait dresser ses états.

» Mais, l'augmentation des Selliers-Bourre-
liers, qui ne sont que des débitans, et celle
des Pelletiers, qui font un autre commerce,
ne signifient rien, par rapport à l'état de
la Tannerie.

» L'augmentation de la petite Fabrique en
chamoiserie, ou mégisserie, se concilie fort
bien avec la diminution de la grande Fabrique,
beaucoup plus importante : comme on le verra
plus bas, dans les Mémoires de plusieurs de
MM. les Intendans.

» L'égalité, ou même une légère augmentation dans le nombre des Tanneurs, ne constate pas l'accroissement de la Tannerie, puisque
plusieurs Fabricans, pauvres, peuvent s'établir
sur les ruines d'un plus riche, qui faisait plus
de travail lui seul qu'ils n'en font ensemble.

» Enfin, il ne peut y avoir d'élémens plus
concluans, que ceux du premier tableau,
tiré des registres des Directeurs de la Régie,
envoyé par M. *de Blair*, et dont on vient
de présenter le résultat qui constate une di-

minution réelle *de* cinq douzièmes sur l'exportation, et de deux neuvièmes, sur la fabrication, malgré l'existence d'un droit prohibitif de l'importation étrangère qui eut dû augmenter cette fabrication d'un huitième.

» Telle est la conclusion qu'on peut tirer des Mémoires et des états fournis, par la Régie même, à M. *de Blair.*

» Mais on ne doit pas dissimuler que l'on a imputé à la Régie de porter dans les états comme Tanneurs, de petits Fabricans qui ne méritent pas ce nom, ou de simples maîtres sans Fabrique, qui, ayant abandonné leurs entreprises, servent comme compagnons chez leurs confrères, sans cesser pour cela d'être maîtres sur les listes de leurs communautés, dans les villes où il y a corporation ou jurande; et qu'ainsi les états que présentent les Régisseurs, du nombre des Fabricans, sont des renseignemens sur lesquels on ne doit pas beaucoup compter, et qui ne peuvent pas donner des idées très-exactes.

» On doit même ajouter que les Tanneurs et Chamoiseurs de la ville de Strasbourg, ont présenté au Conseil un Mémoire, accompagné, pour pièces justificatives, d'un état vérifié et arrêté par leurs corps, assemblés à la Tribu (c'est le nom qu'ils donnent à leur corporation), le 22 février 1775, qui certifie que *douze* Tanneurs et *onze* Chamoiseurs, ont abandonné leur Commerce

dans la ville de Strasbourg. Des *douze* Tanneurs ruinés, il y en a, selon cet état, *neuf*
qui travaillent, comme compagnons, chez
leurs confrères. Ils n'en figurent pas moins
sur la liste.

» Les Tanneurs, de la Province d'Alsace,
ont pareillement présenté un Mémoire au
Conseil, soutenu de pièces justificatives, dont
la première est un certificat des Officiers-
Municipaux du bourg de *Vasselonne*, en
date du 20 février 1775, qui constate que
treize Tanneurs ont, depuis 1759, quitté leur
métier dans ce bourg.

» La seconde est un certificat détaillé des
Officiers-Municipaux de *Ste.-Marie-aux-
Mines*, par lequel il parait que de *douze*
Tanneurs qui y existaient en 1759, il n'en
reste que *trois*. L'état communiqué par la
Régie, à M. *de la Galaisière*, dont il sera
parlé dans l'article suivant, dit *quatre*.

» La troisième est un certificat des grand-
Bailly et Officiers-Municipaux de la ville de
Thann, du 28 février 1775. Ils attestent,
que de *neuf* Tanneurs et Mégissiers, existans
dans cette ville, en 1759, il n'en reste que
trois, et que la fabrication est baissée des
deux tiers.

» La quatrième est un acte [du Préteur
Royal, Bourguemestre et Magistrat de *Landau*,
qui certifient que le Commerce de la Tannerie
est tombé en décadence, qu'il n'en reste

presque plus rien : peu de maîtres , et encore moins d'ouvriers.

» La cinquième est un acte des Jurés du Corps des Tanneurs et Chamoiseurs de *Colmar* , qui certifient que depuis 1759 , non-seulement les Fabriques , connues sous le nom de *Bar et Compagnie* , et de *Birkel-Saudhem et Compagnie* , ont cessé , mais que *dix* autres Tanneurs et *six* Chamoiseurs , ont abandonné le métier.

» La sixième est un certificat des Officiers-Municipaux de *Beffort* , qui attestent qu'en 1759 , il y avait, dans cette ville , *dix* maîtres Tanneurs occupant *vingt-cinq* ouvriers , et qu'au 26 mars 1775 , il ne restait que *cinq* maîtres , occupant *six* ouvriers seulement.

» La septième est un certificat des Officiers-Municipaux de *Saverne* , qui constate que de *dix* maîtres Tanneurs , établis dans cette ville, en 1759 , *six* ont quitté ; et que de *dix-sept* fosses, dont ils faisaient usage , il n'y en a plus que *six* qui soient employées.

» La huitième est un certificat des Officiers-Municipaux de *Ribeauvillé* , qui attestent qu'en 1759 , il y avait , dans cette ville , *six* Tanneurs et *un* Chamoiseur , occupans la plupart *trois* compagnons , sans les autres ouvriers; qu'il n'y avait plus, au 11 avril 1775 , que *cinq* Tanneurs et *trois* Chamoiseurs, dont aucun n'était plus en état d'avoir des compagnons , et que de *trente* fosses, remplies en 1760, il n'y en a plus que *quinze* en exercice.

» La neuvième est un certificat du Corps des Tanneurs et Chamoiseurs, de *Schelestat*, daté du 13 avril 1775, qui atteste que depuis 1759, *sept* Tanneurs et *dix* Chamoiseurs ont quitté dans cette ville, qu'un *huitième* Tanneur est sur le point d'en faire autant ; qu'on ne fabrique pas la moitié de ce qu'on faisait avant 1760 ; que les anciens Tanneurs occupaient chacun *deux* ou *trois* garçons ; que ceux qui restent n'en occupent plus ; et qu'il n'y a qu'un seul apprentif dans la ville.

» Deux autres certificats de *Bitschwiler* et de *Keiserberg*, l'un du 30 avril et l'autre du 2 mai 1775, attestent que de *douze* Fabricans qui existaient en 1759, dans chacune de ces villes, il n'en reste plus que *six* dans chacune.

» On trouve encore au dossier un autre certificat des Bourguemestres et Magistrats de la ville d'*Altkirck*, qui exposent que de *treize* Tanneurs qui y existaient, en 1759, il n'en restait que *trois* le 7 octobre 1775.

» Tous ces certificats sont duement scellés et signés, et aussi authentiques qu'aucun renseignement que ce puisse être.

» On peut ajouter encore que le rédacteur du présent rapport, qui, en 1773 et 1774, a été attaché au service de S. A. S. le Margrave régnant de Bade, est à portée d'attester qu'il a été témoin que plusieurs Tanneurs, d'Alsace, avaient cherché asyle dans les États de Bade ; que le Margrave leur donnait des démolitions du fort de Kelh pour se bâtir des maisons ; qu'il leur accordait des exemptions et des concessions de terres ; que plusieurs autres Tanneurs Alsaciens y avaient déjà passé précédemment, et avaient rendu la Fabrique des cuirs, dans les États de Bade, très-florissante.

L O R R A I N E.

» M. *de la Galaisière*, dans sa lettre du 4 octobre 1775, observe que ce n'est qu'en 1764, que le droit sur les cuirs a été établi en Lorraine ; et c'est l'époque du 1.er avril 1765, au 1.er avril 1766, qu'il compare avec celle de l'année 1774, par un tableau tiré des registres de la Régie.

» Il paraît par ce tableau, que le nombre des Fabricans est à peu-près le même.

» En 1765, il y avait dans cette généralité *quatre cent trente-quatre* Tanneurs.

» En 1774, dans la même généralité, augmentée du Département de *Ste.-Marie-aux-Mines*, où il s'en trouve *quatre*, il y en avait en tout *quatre cent quarante-un*, reste à *quatre cent trente-sept*, pour le même pays ; l'augmentation est de *trois* Tanneurs.

« En 1765, il y avait dans la même Province *cent trente-sept* Chamoiseurs.

» En 1774, il y en avait *cent trente-deux :* la diminution est de *cinq* Chamoiseurs.

» Mais on a remarqué que le nombre des Fabriques n'est qu'un indice très-imparfait de la quantité de la fabrication.

» Les produits de la perception présentent une base plus solide aux réflexions de l'Administrateur, quoiqu'ils ne soient eux-mêmes qu'un élément très-imparfait, puisque la plus ou moins grande exactitude des Commis, la plus ou moins grande vigilance des Régisseurs, et le plus ou moins d'effroi qu'ils inspirent à la fraude, peuvent augmenter ou diminuer la recette, indépendamment d'un accroissement ou d'une diminution de fabrication, comme on l'a déjà remarqué.

» Dans l'année qui commence au mois d'avril 1765, première année du droit et de la Régie en Lorraine, la recette a été de 87,215 liv. 7 s. 3 d.

» Dans l'année 1774, en retranchant 1999 l. 9 s., qu'a produit le Département de *Ste.- Marie-aux-Mines,* ajouté à cette Province, la recette totale du reste a été de 96,674 liv. 12 s. 7 d.

» La différence est de 9459 liv. 5 s. 4 d., ou d'environ un dixième.

» On en pourrait conclure, et M. *de la Galaisière* en conclut en effet, que la fabrication s'est étendue d'environ un dixième, et qu'il ne faut pas chercher, « *dans la per-* » *ception du droit, la cause d'une prétendue* » *décadence, qui réellement n'a pas lieu* ».

» Mais on se permettra de remarquer, que pour établir cette conclusion d'une manière solide, il aurait fallu que les Directeurs de la Régie, qui ont fourni à M. *de la Galai-sière* les élémens du tableau qu'il présente, eussent constaté que, dès la première année de leur perception, ils avaient monté aussi parfaitement leur Régie, qu'ils pouvaient aussi-bien compter sur les Commis qu'ils y employaient, que ceux-ci étaient aussi ca-pables, et que la fraude n'avait pas plus de ressources, qu'à la neuvième.

» Ils ne l'ont pas constaté, et l'on conçoit très-bien que la chose ne peut, ni ne doit être.

» On voit par le tableau que M. *de Blair* a envoyé, et qui a été transcrit plus haut, qu'en Alsace, la Régie n'a été dans sa pleine activité qu'à la quatrième année, et que depuis lors ses produits ont toujours été en dimi-nuant; que de la première à la seconde année, le produit était augmenté d'un quart en sus; et en effet, à la première année, où les Commis commencent à peine à se reconnaître, la per-ception doit être nécessairement languissante, et la Régie doit payer leur apprentissage par la faiblesse de sa recette.

» Ce n'était donc pas la première année qu'il fallait comparer, d'une manière isolée, avec la dernière, c'était le tableau de toutes les années qu'il fallait que les Directeurs de la généralité de Lorraine présentassent à M. *de la Galaisière*, comme ceux de l'Alsace ont du moins eu le soin de le mettre sous les yeux de M. *de Blair.*

» Si le produit de la seconde année a été en Lorraine comme en Alsace, et comme l'on doit le présumer, d'un quart en sus plus fort que celui de la première, alors, au lieu d'une augmentation de 9,459 liv., ou d'un dixième, ce serait une diminution de 13,345 l., ou d'environ un huitième, que le droit et la fabrication paraîtraient avoir éprouvé.

» Et si le produit de la perception, complettement montée, s'est trouvé en Lorraine, comme en Alsace, avec celui de la première année, dans la proportion de trois à deux, ce qui est assez vraisemblable, la prétendue augmentation de 9,459 liv., ou d'un dixième, serait une véritable diminution de 24,148 liv., ou d'un cinquième; ce qui a beaucoup plus d'apparence, et ce qui peut arriver, quoique le nombre des Manufactures soit demeuré à peu-près le même.

» Puisque les Régisseurs n'ont pas présenté leur tableau complet, on est en droit d'en conclure que c'est qu'ils ne l'ont pas jugé

propre

propre à prévenir ou à détruire cette induction.

» Et l'on ne peut s'empêcher de remarquer encore une fois, que ce serait, en effet, une chose inconcevable, qu'un droit de plus de dix pour cent, accompagné de recherches et de formalités très-litigieuses, établi sur une Fabrique, dans une Province où ce droit et ces formalités litigieuses n'avaient jamais eu lieu, y ont fait prospérer et augmenter cette Fabrique. C'est-là le cas de dire que, « *qui prouve trop ne prouve rien.* » Il est cependant possible, et l'on peut croire, que le droit sur les cuirs et la Régie, ayent fait moins de mal en Lorraine que dans le reste du Royaume.

» Premièrement, parce qu'ils y ont été établis cinq ans plus tard.

» Secondement, parce que la Lorraine a pu se ressentir, du côté de l'Alsace, de l'influence du droit prohibitif, établi dans cette Province, sur l'entrée des cuirs étrangers, quoique ce droit prohibitif n'ait pas eu lieu sur les frontières du pays de Liége : ce dont se plaint M. *de la Galaisière*, et ce dont on n'a point à s'occuper ici, où il ne s'agit précisément que d'examiner l'effet du droit établi sur la Fabrique nationale des cuirs, et des formalités litigieuses inséparables de la manière dont on a voulu le percevoir.

6

FLANDRE.

» C'est une des Provinces dont les plaintes se sont le plus élevées. M. *de Caumartin* annonce, par sa lettre du 27 septembre 1775, que pour en vérifier le fondement, il s'est d'abord adressé à ses Subdélégués, *et qu'il a reçu, de chacun d'eux, des réponses qui semblent justifier ces plaintes ; qu'il a pris ensuite le parti de communiquer toutes ces réponses et ces observations, aux Directeurs de la Régie.* Et c'est le travail que ces Directeurs ont fait, en réplique aux observations des Subdélégués, que M. *de Caumartin* envoie.

» Ce travail est composé :

» 1.º D'un Mémoire de réponses générales, aux observations des Subdélégués, de M l'Intendant de Flandre.

» 2.º D'un Mémoire de réponses particulières, aux Subdélégués d'Aire, de St.-Omer et de Lille.

» 3.º D'une pièce justificative du Mémoire précédent.

» Pour juger du mérite de cette pièce, il faut s'y arrêter un moment. Les Tanneurs d'Aire, au nombre de six, avaient, devant le Subdélégué de M. *de Caumartin*, fait beaucoup de plaintes contre les Employés de la Régie. Ils alléguaient des vexations particulières. Ils alléguaient la menace *qu'avec un liard de papier, on pouvait faire faire,*

à un Tanneur , le voyage de Lille. Les
Directeurs de la Régie, instruits de ces plaintes,
par la communication que M. *de Caumartin*
leur a donnée, de la lettre de son Subdélégué,
envoient à Aire le Receveur principal , qui,
accompagné des deux Commis du Département, n'assemble point les plaignans comme
avait fait le Subdélégué, mais se transporte
successivement chez chaque Tanneur, et leur
demande s'ils entendent soutenir les impu-
tations hasardées contre les Sieurs *le Paige*
et *Galisset*, présens , et qu'ils aient à en
donner déclaration par écrit, dont il va faire
procès-verbal.

» Des six Tanneurs , ainsi interpellés l'un
après l'autre, quatre disent qu'ils n'ont point
voulu inculper MM. *le Paige* et *Galisset*,
là présens et Commis actuels , qu'il est vrai
qu'ils ont de justes sujets de se plaindre des
anciens Commis, et entr'autres du Sieur *Bou-
cherot*, du Sieur *Lachelin*, du Sieur *Chaine*,
et signent. Une femme , qui se plaint aussi
du Sieur *Chaine* , déclare ne vouloir rien
signer en l'absence de son mari. Le sixième
Tanneur persiste dans son dire , et accuse
le Sieur *le Paige* , présent, de l'avoir injustement surchargé , ce que nie le Sieur *le Paige*,
et ce dont son confrère, le Sieur *Galisset* ,
n'a mémoire, ni connaissance.

» Et du tout le Sieur *de Renty*, Receveur
principal, fait un acte qu'on envoie à M.

de Caumartin, et que M. *de Caumartin*
envoie au Gouvernement, comme preuve que
les réclamations, contre la Régie, sont mal
fondées.

» Sept autres pièces justificatives fournies
par la Régie, et qui accompagnent son Mémoire, ont plus d'importance et sont plus
ingénieuses ; peut-être même n'ont elles d'autre
défaut que d'être trop ingénieuses.

» Les quatre premières sont, 1.º un état
des Fabriques de toutes espèces, existantes
en 1775, dans la Flandre Walonne, comparé
avec celui des Fabriques de toutes espèces,
qui existaient au 1.ᵉʳ janvier 1760 ; 2.º un
état pareil et aux mêmes époques de celles
de la portion de la Flandre maritime, comprise
dans la direction de Lille ; 3.º un état pareil
de celles de l'Artois, et de la portion de la
Flandre maritime, comprise dans la direction
d'Arras ; 4.º enfin un état général, servant
de résumé aux trois autres.

» Le résultat de ces quatre tableaux est
que, sur les Fabriques de *toutes espèces*,
il y a, dans la Flandre Walonne, une augmentation de *six* Fabriques, sur *cent soi-
xante-dix-sept.* Dans la portion de la Flandre
maritime, qui est la direction de Lille, une
augmentation de *quarante-quatre* Fabriques,
sur *trois cent cinquante-deux*, ce qui fait
au total une augmentation apparente de *cinquante* Fabriques, sur *cinq cent vingt-neuf*,
ou dans *cinq cent soixante-dix-neuf.*

» Mais, on doit remarquer la confusion apportée par les Directeurs de Lille et d'Arras, à ces états qu'ils ont certifié véritables.

» Dans la lettre à MM. les Intendans, jointe au dossier, le Ministre avait marqué que, « *non-seulement les représentations* » *qu'il avait reçues assuraient que les* Fa-» briques de premier apprêt *étaient dimi-* » *nuées, mais qu'elles contenaient aussi* » *beaucoup de plaintes de la part de tous* » *les métiers qui emploient le cuir après la* » *préparation.* »

» Les Régisseurs confondent les métiers qui emploient le cuir après la préparation, avec les Fabriques de premier apprêt, dans leurs tableaux sous le nom de Fabriques de *toutes espèces*, dans lesquelles ils comprennent les Tanneurs, les Chamoiseurs, les Mégissiers, les Selliers, les Bourreliers, etc. De sorte que, ne distinguant point les différentes professions, on ne peut rien conclure de leurs états ; car les Selliers et les Bourreliers, simples débitans, peuvent être augmentés, tandis que les Fabricans, *de premier apprêt*, seront diminués : de sorte que l'augmentation apparente, de ce qu'ils appellent *Fabriques de toutes espèces*, ne prouve point du tout que la *Fabrique de premier apprêt*, qu'ils n'ont point séparée dans leurs états, ne soit pas diminuée, et que les plaintes, à cet égard, soient injustes.

» Les Directeurs de la Régie, ont joint aux états qu'ils ont rédigés, des observations marginales, pour leur donner plus de force en détaillant les faits ; mais on doit remarquer qu'il y en a plusieurs qui sont contredites par des pièces postérieures et authentiques.

» Par exemple les Directeurs attestent, par leur état certifié du 15 août 1775 , qu'il y a *quatre* Tanneurs à Douay, et conviennent qu'il y en avait autrefois *sept ,* alléguant, pour cause de cette diminution, les Octrois de la ville de Douay, qui peuvent y avoir contribué ; mais, le 5 octobre suivant, les Sieurs *Raparlier, Dumouceaux* et *Caulier ,* affirment par serment, dans un acte pardevant notaires , légalisé et joint à un Mémoire au Conseil, qu'ils sont les seuls Tanneurs de la ville de Douay, qu'il y en avait quatre de plus en 1760, savoir, les Sieurs *François Verriez , Prosper Vandeville , Pierre-Louis Verriez ,* et *Bonnuits frères ,* qui ont été obligés de quitter.

» Les Directeurs certifient que le Sieur *Caulier* a réuni à sa Fabrique les deux Tanneries de *Louis Verriez* et de *Vandeville ,* de sorte que la retraite de ces deux Tanneurs n'a laissé aucun vide dans la fabrication ; et le Sieur *Caulier ,* ainsi que ses deux confrères , qui disent en avoir parfaite connaissance , attestent par serment, le 5 octobre , que ledit Sieur *Caulier* a été obligé de vendre pour

douze à quinze mille livres de son patri-
moine, et que son confrère, le Sieur *Raparlier*, a été obligé de diminuer son commerce de moitié.

» Les Directeurs de la Régie certifient,
dans leurs observations du 15 août, que les
Fabriques de *toutes espèces* sont augmentées
de trois dans la Chatellenie de Lille, et le 16
octobre suivant, la veuve *de Frenne*, et
les Sieurs *Beghuin*, *Florquin* et *du Chatelet*,
affirment par serment, devant le Lieutenant
et les Échevins de la ville de Lannoy, dans
cette Chatellenie, qu'avant 1760 il y avait,
dans leur ville, *sept* Tanneries bien florissantes, qu'il n'y reste plus que les *quatre*
dont ils sont les Entrepreneurs, et que leur
Commerce est considérablement déchu. Ils
en donnent, outre le droit de fabrication et
les formes de la Régie, une raison particulière, qui mérite d'être remarquée comme
anecdote sur l'effet des prohibitions, c'est
que l'établissement du droit prohibitif de la
sortie des cuirs en verd du Royaume, établi
dans l'intention de favoriser la Fabrique, a
engagé l'Impératrice-Reine à établir, par re-
présailles, un pareil droit prohibitif sur la
sortie des cuirs en verd, du Tournaisis et
de la Flandre Autrichienne : ce qui prive
les Fabricans des deux Nations, de l'avantage
de prendre les cuirs le plus à leur portée.

» Mais, c'est trop s'arrêter à des états incertains du nombre des Fabriques, dont on ne pourrait tirer aucune conséquence positive, quand ils seraient bien constatés.

» Les seuls états qui pourraient être concluans, s'ils étaient complets, seraient ceux des produits. On peut, en les accompagnant d'observations mûrement pesées sur les circonstances, y puiser réellement quelques lumières. Les Directeurs de la Régie en présentent trois ; l'un pour la direction de Lille, l'autre pour celle d'Arras, le troisième résumé des deux premiers.

» Ces états comparent les cinq premières années de la Régie, avec les cinq dernières. Ils offrent pour la seconde époque, dans la direction de Lille, une année commune plus forte que dans la première de 1,081 liv., sur 69,000 l., ou environ un soixante-neuvième ; et pour la direction d'Arras, une année commune de 3,382 liv. plus forte dans la seconde époque que dans la première, sur une somme de 61,574 liv., ce qui serait environ un vingtième.

» Dans l'état général qui réunit les deux autres, l'année commune des cinq dernières se trouve de 4,464 liv. plus forte que celle des cinq premières de la Régie, sur une somme de 127,111 liv., ce qui est d'environ deux 57.es

» Les Directeurs de la Régie concluent, dans leurs observations sur le tableau des produits de la direction d'Arras, dans les deux époques, *que le droit, loin d'avoir porté atteinte à la fabrication, semble au contraire avoir excité et favorisé l'émulation;* en effet (ajoutent-ils), *plus la marchandise est renchérie par les droits, et plus le Fabricant a intérêt de la perfectionner.*

» Ce principe est démenti par l'expérience universelle, quoiqu'il ait, au premier aspect une apparence de vérité.

» Il est certain qu'une marchandise précieuse peut plutôt supporter des droits considérables qu'une marchandise de peu de valeur; le commerce de la derniere est anéanti par eux, quand celui de la première n'est que troublé, et c'est ce qui porterait à croire qu'un droit qui vient détruire la fabrication des marchandises de qualité inférieure doit rejetter les efforts des Entrepreneurs sur celles de première qualité.

» Cet effet quand il aurait lieu, ne serait pas avantageux au commerce; la fabrication générale se trouverait toujours diminuée, et la perte qu'elle essuierait ne serait pas compensée par la perfection de quelques branches plus recherchées.

» Mais il n'est pas vrai que cet effet ait lieu; les Fabriques de première qualité sont dérangées comme les autres par un impôt survenant. Les Négocians ou les Fabricans ne sont pas les maîtres d'augmenter à volonté les fonds de leur commerce. Ils y employent tous ceux dont ils peuvent disposer. La nécessité d'acquitter un impôt enlève une partie de leurs fonds : ils ne peuvent plus solder la même quantité de travaux utiles. Ils font donc moins d'ouvrages, et sont obligés de les vendre plus cher. Les consommateurs de leur côté sont bornés dans leurs dépenses. Personne ne peut dépenser plus qu'il n'a. Tout renchérissement qui ne résulte pas d'une augmentation de richesse amène donc une diminution de consommation. Pour suppléer à son défaut, pour rappeller les acheteurs, pour hâter le retour des capitaux, pour se rapprocher des anciens prix, la plûpart des Fabricans sont donc obligés de diminuer leurs soins et leur travail, et de se récupérer par la *mal-façon*. C'est ce qui est particulièrement arrivé dans le commerce des cuirs. Les Tanneurs les laissaient autrefois deux ou trois ans en préparations ; ils en acquéraient beaucoup plus de force et de qualité. Il est rare d'en trouver à-présent qui les y laissent plus de dix-huit mois, et cette différence introduite dans la fabrication depuis 1759 est ce qui fait préférer aujourd'hui les cuirs de Liège et ceux d'Angleterre à ceux de France.

» M. *De Caumartin* n'adopte ni ne rejette le principe des Régisseurs, mais il adopte la conséquence qu'ils en tirent, que *les Fabricans en cuir ne sont nullement fondés dans les plaintes qu'ils ont portées, soit sur le droit en lui - même ,* soit sur l'exercice des Commis auxquels la perception *est confiée.* Il ajoute que *tant que les besoins de l'État exigeront la continuation de cet impôt , il ne pense pas qu'on doive rien changer à la forme établie pour sa perception.*

» Cette dernière conclusion paraît au moins prématurée ; car quoique les besoins de l'État puissent exiger la continuation de l'impôt sur la fabrication des cuirs, si l'on trouve pour le percevoir une forme moins coûteuse et moins litigieuse, il ne peut y avoir de doute qu'elle ne doive être préférée.

. » En revenant à l'examen des tableaux rédigés par les Directeurs de Flandres, on verra que la supposition de deux 57.es d'augmentation dans la fabrique tirée de la certitude de deux 57.es d'augmentation dans le produit brut de l'impôt , est destituée de fondement. Pour qu'elle en eût une apparence , il faudrait établir que les Régisseurs n'ont pas perfectionné leur manutention de deux 57.es depuis son commencement. Ce serait faire tort à leur intelligence.

» Mais si dans la première année ils n'ont guères obtenu en Flandre , comme en Alsace , que les deux tiers du produit qu'ils ont tiré ensuite de leur Régie complettement montée ; l'apparente augmentation de deux 57.es seulement de plus dans les dernières années que dans les premières, constate une véritable et considérable diminution.

» Cet apperçu se trouve confirmé par le témoignage du Directeur de Lille , qui est entré dans un peu plus de détails que son confrère.

» Il donne dans ses observations générales le total particulier du produit des années 1761 , 1762, 1763, 1764 , 1771, 1772 , 1773 et 1774, et ces totaux présentent une marche très-conforme à celle qui a été remarquée en Alsace dans le tableau général envoyé par M. *De Blair*.

» Quoique le Directeur n'ait voulu nous donner que quelques années détachées et n'en ait parlé qu'indirectement et par forme d'observation , on peut , des quatre qu'il présente dans chaque époque , conclure la cinquième , puisqu'il donne le total des cinq. Voici donc comme ce tableau devrait être rédigé.

DIRECTION DE LILLE.

ANNÉES.	PRODUITS TOTAUX.		ANNÉES.	PRODUITS TOTAUX.	
1760.	47,242 l.	15 s.	1770.	54,426 l.	2 s.
1761.	68,824	»	1771.	72,891	»
1762.	73,240	»	1772.	76,963	«
1763.	77,256	»	1773.	70,715	»
1764.	78,032	»	1774.	75,005	»
TOTAL..	344,594	15	TOTAL...	350,000	2

» De ce tableau les quatre dernières années de chaque époque et le total sont fournis séparément par le Directeur de Lille, ce qui suffit pour faire connaître le produit de la première année de chaque époque.

» On voit que la Régie, comme en Alsace, ne s'est montée qu'avec lenteur.

» Que les produits des premières années ont été faibles.

» Qu'ils se sont ensuite accrûs par un exercice plus intelligent et plus sévère de la part des Commis.

» Que les deux années les plus fortes ont été, en Flandre comme en Alsace, la quatrième et la cinquième.

» Qu'il y a dû y avoir une terrible dégradation depuis 1764 jusqu'en 1770, pour que les produits soient tombés de 78,032 à 54,426 liv. 2 s.

» Deux causes les ont fait remonter au point où ils se trouvent l'être de 1770 à 1771. La première est un grand redoublement de sévérité de la part de la Régie qui se voyait dépérir, la seconde est l'établissement des deux sols pour livre. Mais ce redoublement de sévérité et cette augmentation d'impôt ont dû nécessairement hâter la ruine de la fabrique.

» Quand à l'apparente augmentation des produits de l'année 1772, il faut remarquer, outre les deux causes dont il vient d'être parlé, que c'est dans cette année que M. l'*Abbé Terray*, comme on l'a dit plus haut, a surpris

et trompé toute la marche du commerce extérieur des cuirs, en décidant que la restitution
du droit de fabrication qui avait lieu en entier
sur les cuirs sortant pour aller à l'Étranger
n'aurait plus lieu que pour les deux tiers. Il
en est résulté pour cette année une augmentation de recette sur les cuirs qui étaient
commandés pour l'Étranger, augmentation
qui ne prouve pas celle de la fabrication, et
qui au contraire lui a beaucoup nui en enlevant
à la fabrique nationale une partie de ses prati-
ques et le débouché du commerce extérieur.

» Aussi voit-on qu'en 1773 le produit est
retombé.

» Fn 1774 la Régie pour se soutenir et le
relever a redoublé d'activité, ce qui lui a en
effet procuré quelque augmentation et ce qui
a excité les plaintes universelles qui ont eu
lieu à la fin de cette année et au commencement de la suivante.

» Il parait que c'est le seul résultat qu'on
puisse tirer de tout le travail qu'ont fait les
Directeurs de Lille et d'Arras pour contredire
le rapport *unanime* des Subdélégués de M.
l'Intendant de Flandre.

EXTRAIT DES LETTRES ET MÉMOIRES *de MM.*
les Intendans, qui ne sont pas favorables
à la Régie.

» Il a fallu s'étendre beaucoup sur l'examen des pièces qu'ont présenté à l'appui de

leur opinion ; ceux de MM. les Intendans qui ont cru que l'impôt sur les cuirs, et la forme de sa perception n'avaient point produit de mauvais effets ; parce que cette opinion a paru peu conforme au principe général qu'une imposition, et sur-tout une imposition dont la perception exige des formalités compliquées et litigieuses ne saurait favoriser aucune branche de commerce.

» La discusion de ces pièces, fournies par les Régisseurs même, a conduit à des conséquences qui sont plus d'accord avec le principe et qui contredisent le sentiment qu'ils s'étaient efforcés de faire prévaloir.

» On sera beaucoup plus court dans l'extrait des Lettres et Mémoires de ceux de MM. les Intendans qui attestent que l'impôt sur les cuirs et les formes établies pour sa perception, ont été très-nuisibles à la fabrique ; parce qu'un fait, vraisemblable en soi, ne demande pas à être discuté avec une sévérité aussi minutieuse que l'allégation d'un fait dénué de vraisemblance.

Généralité d'ALENÇON.

» M. l'Intendant d'Alençon envoie avec sa lettre du 20 juillet 1775, un tableau du nombre des Tanneries en 1759 et en 1775, du nombre des fosses employées et de la quantité de cuirs fabriqués dans l'une et l'autre époque, ville par ville, avec un article de supplément pour les campagnes.

Le résultat de ce tableau est qu'il y avait dans cette Province,

En 1759.	En 1775.
200 Tanneurs.	Seulement { 78.
255 Fosses de fabrication.	{ 455.

Nombre des Cuirs fabriqués dans les deux époques.

27,030 . . . . | . . . . 11,400.

Valeurs des Cuirs.

1,200,000 . . . . | . . . . 500,000.

Il remarque en général,

» Que *la qualité n'est plus la même.*

» Que *l'impôt se payant au poids, les Tanneurs, pour que leurs cuirs payent moins, ne laissent pas en fosse le tems suffisant pour leur faire acquérir, par les matières dont ils s'y imbibent, la qualité, la solidité, et le poids qu'ils devraient avoir.*

» Que *cette diminution de qualité nuit au débit.*

» Que *les campagnes n'ont pas profité de la perte que les villes ont* faite de cette Fabrique.

» Que *les recherches indiscrettes et multipliées des Commis, dégoûtent les Tanneurs aisés, qui ne veulent pas être sans cesse soupçonnés et accusés de fraude, et quittent ce Commerce important.*

GÉNÉRALITÉ

Généralité de Tours.

» Dans sa lettre du 14 août 1775 , M. l'Intendant de Tours expose que *les éclaircissemens qu'il s'est procuré s'accordent tous sur la réalité de la diminution des Manufactures de cuirs , et sur les causes de l'affaiblissement de cette branche de Commerce.*

« Qu'*avant l'établissement de la Régie il existait , à Amboise , douze Tanneurs , et qu'il n'y en a plus que* six *, qui , tous ensemble, ne font pas autant de Commerce qu'un seul en faisait avant cette époque.*

» Qu'à *Château-Regnault, où l'on dit qu'il en existait* vingt-cinq , *il n'en reste que* huit *, qui tous se trouvent dans le même état d'inaction que ceux d'Amboise.*

» Que *dans les différentes petites villes des environs de Tours , et à Tours même, les Tanneurs qui avant* 1759 , *étaient au nombre de* seize *, se trouvent réduits à* quatre.

» *Et qu'à Angers , au lieu* de trente-quatre *qui devraient y exister , si on ajoute au nombre de* vingt-huit *qui y étaient établis en* 1759 *, celui des maîtres reçus depuis , il n'y en a que* dix-sept.

» Qu'*il est bien informé que dans le seul Département d'Angers il se fabriquait , avant* 1759 *, par les Tanneurs ,* dix-mille *peaux*, *et par les Mégissiers* trente mille.

» Que *les uns et les autres n'en fabriquent plus qu'environ moitié, année commune, et que rien ne prouve plus évidemment la grande diminution du Commerce des cuirs, que ce point de fait, dont il n'est que trop certain.*

» Que *loin de découvrir en aucun endroit de nouveaux établissemens en ce genre, on en trouve par-tout d'abandonnés entièrement, ou dans lesquels on ne fait aucune fabrication.*

» Qu'*il ne peut dissimuler que ce qui a le plus contribué au dépérissement de cette branche d'industrie, est la gêne de la Régie, et les inquiétudes qu'elle cause aux Tanneurs, par rapport aux procès de suspiscion de fraude, qu'on peut à toute heure leur intenter, et l'exercice rigoureux qui se fait chez tous les Fabricans, ainsi que chez les employans cuirs.*

» Que *ces raisons ont déterminé une grande partie des Tanneurs, soit à quitter entièrement, soit à travailler, en qualité de compagnons, chez les autres maîtres, qui très-souvent ne peuvent leur donner d'ouvrage, y ayant actuellement peu de Tanneurs qui entretiennent chez eux des ouvriers.*

Que *les Corroyeurs ont éprouvé une diminution égale de maîtres et de compagnons.*

Généralité de **Soissons.**

» La réponse de M. l'Intendant de Soissons est du 28 août 1775.

» Il envoie un tableau détaillé de l'état des Tanneries, subdélégation par subdélégation, avec des observations particulières à chacune.

» Le résultat en est *qu'il y avait, dans la Province, en 1759,* cinquante-neuf *Tanneries, qui faisaient assez bien leurs affaires, et qu'en 1775 il n'y en avait plus que* trente-six, *qui les faisaient mal.*

» Il observe en général *qu'au commencement les cuirs étaient marqués au sortir de la fosse, et que les Tanneurs étaient ensuite les maîtres d'en disposer, et qu'on ne les marque plus qu'en sec, ce qui retarde les mouvemens de leur commerce et leur est très-préjudiciable.*

» Que *les formes multipliées de la Régie, et les tracasseries sans nombre auxquelles les Tanneurs sont exposés, les fatiguent, les dégoutent, et leur occasionnent des dépenses de main-d'œuvre pour marquer et contremarquer les cuirs, dont l'objet est pour eux une surcharge, de laquelle le fisc ne retire aucun profit.*

Généralité d'**Orléans.**

» M. l'Intendant d'Orléans marque, par sa lettre du 20 septembre 1775, qu'il y avait dans la Province :

avant 1759 , | *en* 1775.

A Orléans;

9 Tanneurs.	10.
30 Mégissiers.	28.

A Blois;

5 Tanneurs. | 1.

A Mer ;

8 Tanneurs. | 2 qui font peu de chose.

A Meung;

15 Tanneurs. | 17, le nombre est augmenté, mais la plupart ne font qu'un commerce médiocre.

A Chartres ;

Il n'y a point de différence dans le nombre des Manufactures.

TOTAL en 1759.	TOTAL en 1775.
67 Fabriques de premier apprêt.	58.

» Il remarque *qu'à en juger par le produit du droit, la fabrication semblerait augmentée.*

» Mais qu'*il n'est pas douteux que les prévarications d'anciens Employés, d'une part, et la fraude commise par les Tanneurs, de l'autre, ont autant influé sur le produit du droit, que le plus ou le moins de fabrication.*

» Qu'*il y en a eu des exemples dans cette*
Province.

» Qu'*ils sont inséparables de toute pro-*
hibition.

» Qu'*ils doivent être plus fréquens dans*
la fabrication des cuirs, qui rend la fraude
facile, et dont la nature donne lieu à des
procès ruineux, d'où suit la cessation du
travail de ceux qui les ont essuyés.

» Que *c'est ainsi que cette branche d'in-*
dustrie a diminué, et qu'il paraît qu'en
général les Tanneurs employent moins d'ou-
vriers qu'autrefois.

» Que *les négocians assurent qu'ils ne*
peuvent plus fournir la même quantité de
cuirs tannés, et qu'ils font moins d'affaires
avec eux.

» Que *la forme prescrite par les règlemens*
gêne dans leurs achats les négocians, em-
barrassés à connaître la fidélité des marques
sujettes à beaucoup d'altérations, et qui
craignent de s'engager dans des contesta-
tions dont ils seraient responsables.

LANGUEDOC.

» M. l'Intendant de cette grande Province
a joint à sa lettre du 16 octobre 1775, un
mémoire fort détaillé.

» Il observe en général que *le droit sur*
les cuirs est un nouvel impôt dans la Pro-

vince de *Languedoc*, où *les anciens droits
n'avaient pas lieu.*

» Que *la fabrication des cuirs forts est
réduite aux deux tiers*, *les Tanneurs ne
pouvant se dédommager de l'impôt sur le
prix des ventes.*

» Que *la dureté de la Régie*, *par des
visites renouvellées presqu'à chaque instant,
excède les bornes des précautions à prendre
pour éviter les fraudes*, *les Commis étant
moins occupés du bien de la Régie*, *que
de se dédommager par des confiscations et
des saisies de la modicité de leurs ap-
pointemens.*

» Que *la fidélité de l'empreinte de la
marque est la chose la plus équivoque*, *et
expose souvent les Tanneurs à des procès
ruineux*, *pour de prétendues contraventions
qui ne sont rien moins que réelles; l'impression de l'humidité relâchant les cuirs
dans les tems de pluie*, *et la sécheresse les
resserrant ensuite*, *ce qui efface en partie
ou défigure la marque.*

» Que *la Cour des aides ne condamne
qu'à regret les contrevenans*, *la comparaison des marques sur les cuirs avec les
échantillons et matrices déposés au Greffe
de cette Cour*, *et la vérification des experts*,
*laissant souvent des doutes qui ne tran-
quillisent pas sur les jugemens.*

» Que *les Etats de cette Province ont ap-*

profondi les plaintes qu'on n'a cessé de leur
porter, et convaincus du préjudice causé
par l'exercice des droits, ont fait chaque
année les représentations les plus vives pour
la suppression, ou du moins la modération
et l'abonnement du droit.

» Le Mémoire qui accompage cette lettre,
est un extrait des divers Mémoires que M.
l'Intendant de Languedoc a reçu de ses Subdélégués.

» Ceux de *Beziers*, de *Bedarrieux*, de
St.-Pons, de la ville d'*Alais*, de *Beaucaire*,
de *Lavaur*, d'*Alet* et de *Limoux*, de *Castres*,
de *Bagnols*, de *Toulouse*, de *Lodève* et
du *Bas-Vivarais*, attestent que de *deux*
cent soixante-quatorze Tanneurs qui existaient en 1759, dans leurs différens Départemens, il n'en reste que *cent dix-sept*.

» Celui d'Agde expose.

» Que *le nombre des manufactures est*
le même qu'en 1759.

» Que *cependant l'étendue des fabrica-*
tions, comparée dans le même espace de
tems, n'est pas aussi considérable; les Fa-
briquans les plus opulens ayant quitté et
n'ayant pas laissé continuer leurs enfans,
et ces anciennes Fabriques n'ayant été
remplacées que par d'autres beaucoup plus
faibles.

» Que *ces Fabricans aisés ont été dé-*
terminés à quitter par les vexations des

Commis, par les fréquentes visites qu'ils faisaient nuit et jour, par les déclarations qu'on exigeait d'eux à chaque instant, par les procès-verbaux dont ils étaient menacés pour une erreur d'une peau de plus ou de moins, par les embûches qu'on leur tendait, par le soupçon perpétuel d'une fausse marque.

» Le Subdélégué de Mirepoix dit :

» *Que le nombre des Tanneurs est le même qu'en* 1759, *mais que l'aisance des Fabricans est diminuée, ainsi que la quantité de cuirs qu'ils apprêtent, et que la plûpart des Fabricans n'ont soutenu leurs tanneries que dans l'espérance d'être bientôt délivrés de cet assujettissement.*

» Celui du diocèse d'Alais atteste :

» *Que depuis* 1759 *le nombre des Tanneurs est diminué de plus d'un tiers.*

» *Qu'il n'y a pas à douter qne l'exercice de la Régie, qui entraîne la gêne, la méfiance et les procès, n'ait causé cette réduction.*

» *Que le droit en lui-même, quoique très-onéreux, est moins la cause de la destruction des Tanneurs, que la forme gênante de la perception, qui les avilit à force de méfiance, et dérange leur travail à force de précautions.*

» Celui de Nîmes observe :

» *Qu'il n'y a dans son Département de*

Tanneurs qu'à Nîmes et à Sommiers.

» Qu'en 1759 *il se préparait, dans ces deux villes,* trois mille *cuirs, et qu'aujourd'hui ce nombre est réduit à* quinze cents, *ou tout au plus à* deux mille.

» Le Subdélégué de *Carcassonne* remarque que *la Fabrique des cuirs forts est diminuée.*

» Que *celle des cuirs de vaches lissées, et des peaux de mouton travaillées en chamois, a augmenté.*

» Que *tout compensé, on peut regarder ce Commerce, dans son Département, comme au même état qu'en* 1759.

» Celui de *Rieux* et *Comminge* rapporte *qu'il n'y a dans son Département que* quatre *Tanneurs, dont* deux, *il est vrai, se sont établis depuis* 1759; *mais que tous quatre sont au moment de quitter, ne pouvant se soutenir contre les difficultés de la Régie.*

» Le Subdélégué de Montpellier déclare, *qu'il n'y a de Tanneries dans son Département, qu'à* Montpellier, *à* Ganges *et à* Aniane.

» Qu'à Montpellier *le nombre est le même qu'en* 1759, *mais que les Fabriques y sont languissantes depuis l'établissement de la Régie, qui impose trop de gêne aux Tanneurs.*

» Qu'à Ganges *il y avait, en* 1759, *trente-trois Tanneries, aujourd'hui réduites à* dix, *dont le travail même est fort diminué.*

» Qu'à Aniane *il y avait*, en 1759, six Tanneurs *en cuir fort, qu'il n'y en a plus que* trois. *Qu'à la vérité les Tanneries en peaux de vaches, veaux et chèvres, sont restées au même nombre.*

» Que *depuis les premiers éclaircissemens qu'il a pris, le Directeur de la Régie lui a remis un Mémoire pour justifier que le Commerce des cuirs est dans le même état ; qu'il a approfondi les faits par de nouveaux éclaircissemens, mais qu'ils ne changent rien aux premiers, ce qui le fait persister dans ses observations.*

» Le Subdélégué d'Alby dit que *le nombre des Tanneries est diminué de près d'un tiers, depuis* 1759.

» Que *cette diminution provient, tant de la quotité du droit, que des formalités génantes auxquelles les Fabricans sont exposés.*

» Qu'outre *ces formalités, les Fabricans sont encore génés dans leur Commerce, en ce que n'y ayant point de Commis dans tous les lieux où il y a des Tanneurs, ils sont souvent exposés à ne pouvoir vendre leurs cuirs, parce qu'ils ne sont point encore marqués ; de sorte que si un Tanneur n'a pas de fonds considérables, il manque ses ventes et ses achats, ce qui en a déterminé plusieurs à quitter.*

» Que *les Cordonniers se plaignent d'être obligés d'acheter un cuir entier, et quand ils le détaillent, d'en garder la marque, sous peine d'être exposés à des amendes.*

» Le Subdélégué de *Mende* dit :

» Qu'*il n'y a de diminution sensible dans son Département, qu'à* Marjevols, *où la Tannerie est moindre de près de moitié.*

Le Subdélégué de *Castel-Sarazin*, rapporte *qu'il n'y a dans son Département qu'une Tannerie peu considérable, qui se soutient dans sa médiocrité.*

» Le Subdélégué de *Tournon* observe *qu'en* 1759, *il y avait deux Tanneurs à* Tournon, *vingt-trois à* Vernon, *et quarante-trois à* Annonay, *et que ce nombre subsiste encore, si ce n'est que les* trois *seuls Fabricans qui faisaient des cuirs forts ont abandonné.*

» Que *quoique le nombre des Tanneries soit à peu-près le même, ce Commerce a beaucoup perdu depuis* 1759, *par la dureté de la Régie, qui expose les Tanneurs à des procès sans nombre.*

» Que *quand il n'y aurait que la perte de la Fabrique des cuirs forts, elle serait considérable.*

» Que *la Mégisserie, qui promettait les plus grands succès dans la ville d'*Annonay, *a cessé de s'accroître depuis la Régie.*

» Le Subdélégué d'*Uzès* rapporte que,

dans la ville d'Uzès, il y avait, en 1759,
treize Tanneurs, il n'y en a plus que six.

» Il donne l'état de la fabrication de dix
années, depuis 1750 jusqu'à 1760, et les
compare à celui des mêmes fabrications,
depuis 1760 jusqu'en 1774.

» Il en résulte,

» Que malgré la longueur de la seconde
époque, des deux cinquièmes plus étendue
que la première, le total des cuirs de bœufs
ou de vaches est diminué de plus *d'un tiers.*

» Celui des peaux de veaux, moutons,
agneaux et chevreaux, de près *d'un sixième.*

» Celui des peaux de chèvres, et des cuirs
de chevaux ou de mulets, des *deux tiers.*

» Que dans la ville de *St.-Ambroix* il y
avait, en 1759, *onze* Tanneurs, et qu'il n'y
en a plus que *trois ;* et que, *dans les deux*
époques dont il a parlé (la seconde tou-
jours de quatre ans plus longue que la première), le total de la fabrication des cuirs
de bœufs, de vaches et de peaux de veaux,
moutons et chevreaux, est plus faible *d'un*
tiers dans la seconde époque que dans la
première ; celui des peaux de chèvres *d'un*
quart, et celui des cuirs de chevaux et de
mulets, des *deux tiers.*

» Le subdélégué du *Puy* dit que *depuis*
1759 *le nombre des Tanneurs est diminué*
d'un tiers dans son Département, et que

ceux qui restent sont très-misérables, tandis qu'anciennement ils étaient fort à leur aise.

Généralité de R o u e n.

» M. l'Intendant de Rouen a envoyé, avec ses lettres du 1.er Décembre 1775, un tableau et un Mémoire d'observation dont le résultat est qu'en 1759 il y avait, dans sa Généralité, *trois cent trente-trois Tanneurs* et *quatre-vingt sept Mégissiers ;* qu'il ne s'y trouvait plus, en 1775, que *deux cent soixante-quinze Tanneurs* et *quatre-vingt-six Mégissiers*, et que les uns et les autres font à peine la moitié du travail que les anciens exécutaient.

» Que *le nombre des ouvriers, employés chez les maîtres, est moindre de moitié.*

» Qu'*il paraît qu'il entre moins de peaux étrangères dans le Royaume, pour y être tannées.*

» Qu'*il passe beaucoup moins de nos cuirs tannés au dehors, et qu'il se consomme, dans le Royaume, beaucoup de cuirs des Manufactures étrangères.*

» Qu'*en effet, les cuirs d'Angleterre et de Liége prennent tous les jours faveur, et qu'il s'en fait aujourd'hui une consommation bien plus forte qu'en 1759.*

» Que *l'augmentation, dans le produit du droit, parait venir,* 1.º *de l'addition des deux sols pour livre, et* 2.º *de la plus* grande perfection de la Régie, qui depuis dix ans est devenue plus attentive à prévenir les fraudes. Mais que c'est à cette perfection même que l'on doit attribuer la multitude des procès, les faillites multipliées des Tanneurs, le dégoût et la retraite de ceux qui avaient encore quelque fortune.

» Que si les anciens droits avaient été perçus à la rigueur, le nouveau droit unique n'aurait pas été plus fort qu'eux, mais qu'ils étaient pour la plupart ou aliénés ou abonnés aux Fabriques, ce qui laissait plus de liberté dans la fabrication, et rendait les anciens droits beaucoup moins pesans que le droit actuel.

P R O V E N C E.

M. *de la Tour* expose dans sa lettre du 19 Décembre 1775, que depuis 1759 la ville d'*Aix* a perdu onze Tanneurs en cuirs.

» Celle de *Brignolles vingt.*

» Celle de *Grasse* pareillement *vingt Tanneurs*, et *huit* Pelletiers, Mégissiers ou Corroyeurs.

» Qu'à *Draguignan* il y avait :

En 1759.	En 1775.
12 Tanneurs.	Il en reste 4.

A Barjemont ;

6 Tanneurs,	Ils ont tous quittés et sont ruinés.

A Barjols;

| 30 Tanneurs. | Il en reste 9 ; les vingt-un autres, qui ont quitté, occupaient plus de cent ouvriers ; les neuf qui restent chancellent dans leur commerce. |

A Vence ;

| 7 Tanneurs. | Il n'y en a plus. |

A Aups ;

| Il en partait tous les ans douze à quinze charrettes chargées de Cuirs pour la foire de Beaucaire. | On n'en envoie plus qu'une. |

» A Toulon, Colignac, Cuers, le Luc, Berre, Brue, toutes villes et lieux ou cette Fabrique était en vigueur, il n'y en a presque plus.

» *Ces diminutions trop réelles ne sont point remplacées par de nouveaux établissemens, qui se seraient portés dans les campagnes par des vues économiques.*

» *Ces déplacemens seraient impraticables, parce qu'il faudrait élever des édifices propres à la fabrication, et que cette dépense absorberait tout le produit de l'économie qu'on aurait envisagée dans le séjour de la campagne.*

» *Cette branche d'industrie a passé de jour en jour dans le pays étranger, et surtout à Nice.*

BRETAGNE.

M. l'Intendant de cette Province a écrit, le 5 Février 1776, une lettre très-détaillée, d'où il résulte qu'il y avait,

Dans la Subdélégation d'Autrain;

En 1759.	En 1775.
15 Tanneurs.	4 qui font un très-petit commerce.

Dans celle de Blain;

63 Manufactures diverses du premier apprêt.	31 dont le commerce est très-borné.

Dans celle de Brest;

41 Tanneurs ou Blanconniers, dont le commerce était très-florissant.	22 dont le commerce est peu considérable.

Dans celle de Callac;

2 Tanneries.	1 dans un état de langueur.

Dans celle de Carhaix;

31 Tanneurs ou fabricans de premier apprêt.	16 dont le commerce est fort ralenti.

Dans celle de Château-Briant;

14 Tanneurs.	7 Continuent avec peine; des sept autres, six ont abandonné après s'être ruinés, et un est passé chez l'étranger.
5 Mégissiers, dont chacun occupait cinq à six ouvriers.	2 Mégissiers dont un des deux faisait autrefois un commerce de 30,000 liv. et n'en fait pas à présent un de plus de 5,000 l. Ils n'ont plus qu'un ouvrier chacun.

A

A Châteaulin ;

En 1759.	En 1775.
2 Tanneurs.	Il n'y en a plus.

A Clisson ;

8 Tanneurs, qui occupaient 15 compagnons et 6 apprentis.	6 Tanneurs qui n'occupent plus que que 6 compagnons et 2 apprentis.

A St.-André ;

10 Tanneurs, qui avaient plusieurs compagnons et apprentis.	5 Tanneurs, qui tous ensemble ne font pas plus de commerce qu'un seul n'en faisait en 1759.

A Fougères ;

5o Tanneurs.	17 Tanneurs ou Mégissiers, qui tous ensemble ne font pas plus de travail que 8 ou 10 n'en faisaient autrefois.
3 Moulins à pulvériser le tan, et qui à peine pouvaient suffire.	1 Seul moulin à tan, qui n'est pas toujours occupé.

A Guinguamp ;

25 Tanneurs, qui occupaient 90 ouvriers.	12 Tanneurs, qui n'occupent que 17 ouvriers.

A Hennebond ;

15 Tanneurs, qui faisaient un bon commerce.	10 qui travaillent peu.

A la Trinité en Porhoet ;

45 Tanneurs.	18 seulement.

8

A Malestroit ;

En 1759.	En 1775.
80 Tanneurs.	48 fort endettés; la plupart des autres, après avoir eu des compagnons, travaillent comme simples ouvriers.

A Carantoire ;

3 Tanneurs.	Il n'y en a plus.

A Moncontour ;

30 Tanneurs.	19 dont le commerce languit.

A Vannes ;

14 Tanneries bien montées, occupant 60 ouvriers.	7 Tanneries, dont trois assez bien montées, les autres dans un état de langueur; toutes ensemble occupant 17 ouvriers.

A Nantes ;

29 Tanneries, dans lesquelles on fabriquait 13,000 cuirs de bœufs, tant d'Irlande que du pays, 13,000 cuirs de vaches et 26,000 cuirs de veaux ; en tout 52 mille peaux.	17 Tanneries, dans lesquelles on ne fabrique plus que 1130 cuirs de bœufs d'Irlande, 1500 cuirs de bœufs du pays, et 3000 cuirs de bœufs et vaches des colonies; 1600 peaux de vaches du pays, et 1200 peaux de veaux ; en tout 8,430 cuirs de différentes espèces.

A Vitré ;

66 Tanneurs, employant 126 ouvriers.	32 Tanneurs, qui n'occupent que 34 ouvriers.

A Gennes ;

En 1759. | *En 1775.*
3 Tanneurs. | 1 seul.

A Morlaix ;

14 Tanneries. | 6 languissantes.

» Il n'y a qu'à *Dol* où le nombre des Tanneurs soit augmenté de *trois ;* mais la fabrication ne l'est pas pour cela.

» *St.-Malo* et *Quintin* sont les seules villes où le nombre des Fabriques n'étant pas diminué, elles se soient soutenues dans un état florissant.

» On ne peut guère attribuer ces exceptions qu'à quelques collusions locales, entre les Tanneurs et les Commis.

» A *Pontcroix*, à *St.-Brieux*, à *St.-Pol de Léon*, à *Guerrande* et à *Lannion*, il n'y a jamais eu qu'un petit nombre de Tanneries peu florissantes, mais qui ne paraissaient pas avoir sensiblement souffert.

» A *Auray*, les anciennes Manufactures subsistent, mais ne sont pas aussi considérables qu'en 1759.

» A *Dinan*, le nombre des Tanneurs n'a pas changé, mais le Commerce est diminué des trois quarts.

» à *Josselin*, le nombre des Fabricans est de beaucoup diminué, et leur commerce aussi.

» A *Plélan*, le nombre des Tanneurs et leur ouvrage, sont diminués d'un tiers.

» Il y avait peu de Tanneurs à *Pont-Château*. Il n'y en a plus.

» A *Rennes*, le nombre des Fabricans, celui des ouvriers, et la fabrication, sont diminués des deux tiers.

A *Landerneau* et à *Landivisiau*, le nombre des Manufactures de premier apprêt est diminué d'un quart.

» A *Paimpol*, de plus d'un tiers.

» A *Locmeter-Sizien*, des deux tiers.

» Ce tableau de l'état de la Fabrique des cuirs, en Bretagne, depuis l'établissement de l'impôt sur les cuirs, ne se rapporte point avec l'idée qu'en veulent donner les Régisseurs, qui, pour établir que, depuis leur Régie, la fabrication loin de dépérir a augmenté, ont présenté à M. l'Intendant de Bretagne le tableau des produits de l'année 1773, et l'ont comparé à celui de 1760, qui ne s'est pas monté aussi haut ; d'où les Régisseurs concluent que, quoique le nombre des Fabricans soit diminué, la fabrication est cependant augmentée.

» M. l'Intendant de Bretagne remarque très-judicieusement, *qu'on ne devait pas comparer la première année de la Régie, qui a dû produire le moins, à celle qui depuis paraît avoir le plus produit.*

» Il remarque encore que *le droit unique sur les cuirs a été établi pour remplacer d'anciens droits qui n'avaient pas lieu en*

Bretagne, *de sorte que cette imposition y*
a été nouvelle.

» Que *jusqu'en* 1772, *cet impôt ne s'est*
pas levé, en Bretagne, sur un tarif aussi
fort que dans le reste du Royaume ; *que*
l'on ne payait que trois livres pour chaque
cuir de bœuf tanné à fort, et que cette
fixation avait même été réduite à quarante
sols, par arrêt du Parlement de Bretagne
du mois d'août 1768, *qu'on ne payait que*
seize sols pour chaque cuir de bœuf ou de
vache à baudrier, et que deux sols pour
chaque peau de veau.

» Que *les Lettres-Patentes de* 1772 *ayant*
supprimé ces évaluations, ordonné la pe-
sée des peaux, et la perception de deux
sols pour livre du poids effectif, et deux
sols pour livre en sus du montant du droit,
cette augmentation considérable de l'impôt
a du procurer une grande augmentation
de produit pour l'année 1773, *encore que*
la Fabrique soit notablement diminuée.

» Il observe que, *pour masquer cette di-*
minution, les Directeurs de la Régie lui
ont présenté un tableau, selon lequel le
nombre des Fabricaus existans, en 1773,
paraît être le même que celui de l'an-
née 1760. Mais il remarque que *cette illusion*
provient de ce que l'on a confondu dans
les états, les Corroyeurs, les Bahutiers,
les Bourreliers et les Selliers, avec les Tan-

neurs, qui sont les seuls Fabricans de cuir.

» Il attribue la décadence de ce Commerce, moins encore à la pesanteur de l'impôt, qu'à la rigueur et à la complication des formes de sa perception.

DAUPHINÉ.

» La lettre de M. Pajot de Marcheval, est du 23 Février 1776.

» Il annonce qu'il a mis environ sept mois à rédiger sa réponse, parce qu'ayant à se défier également des plaintes combinées de la part de tous les Fabricans en cuirs et en peaux, et des rapports des Employés de la Régie, intéressés à en cacher les abus et les vices, il a fallu beaucoup de tems pour démêler la vérité.

» Il serait à souhaiter qu'on put lire en entier, le Mémoire envoyé par cet Intendant. Il est d'une précision, et cependant d'une richesse de détails, qui ne laissent rien à desirer.

» Il observe d'abord que, *les droits sur les cuirs n'ayant pas été connus en Dauphiné, avant 1759, ont dû y produire une sensation plus vive qu'ailleurs; mais, que c'est moins cependant le droit en lui-même qui a occasionné la diminution des Fabriques, que les formalités et les gênes qu'entraîne sa perception, et qui ont été multipliées à l'infini par les Lettres-Patentes du 24 Septembre 1759, 29 Mai 1766, et avril 1772,*

» Il présente ensuite le tableau ci-joint du produit des droits dans la Province.

ANNÉES.	PRODUIT DES DIRECTIONS DE		TOTAUX.		
	GRENOBLE.	ROMANS.			
	liv. s. d.	liv. s. d.	liv. s. d.		
1761.	36,628. 16. »	27,062. 13. »	63,691. 9. 3		
1762.	40,057. 16. »	24,271. 16. 4	64,329. 12. 4		
1763.	44,482. 6. »	22,984. 11. »	67,466. 17. »		
1764.	41,431. 19. »	23,959. 10. »	65,391. 9. »		
1765.	39,228. 16. »	20,991. 4. »	60,220. » »		
1766.	39,660. 5. »	18,912. 11. »	58,872. 16. »		
1767.	30,943. 9. »	14,779. 12. 8	45,723. 1. 8		
1768.	32,497. 8. »	13,999. 1. »	46,496. 9. »		
1769.	38,895. 2. »	14,045. 13. »	52,940. 15. »		
1770. *	29,087. » »	13,662. » »	42,749. » »		
1771.	38,393. » »	15,669. 3. »	54,062. 3. »		
1772.	40,551. 12. »	17,252. 5. 6	57,803. 17. 6		
1773.	46,307. 10. »	20,841. 5. 6	67,148. 15. 6		
1774.	45,533. 3. »	25,680. » 3	71,213. 3. 3		
TOTAUX..	543,998. 2. »	273,111. 6. (	817,109. 8. 6		

* L'année 1770 n'a été que de neuf mois; voilà pourquoi les produits de cette année sont moins considérables que ceux des autres.

» Il remarque, d'après ce tableau, que *quoique les premières années d'une Régie, où les Commis ne sont pas expérimentés, et où la fraude et les abus n'ont pas été*

prévus , doivent produire moins que les années
subséquentes , cependant les produits des
quatre premières années ont été plus considé-
rables que ceux des huit années suivantes.

» *Qu'à la vérité les produits ont monté,*
en 1773 et 1771, plus haut qu'ils n'avaient
encore été, mais que cette augmentation
du droit n'est due qu'à l'exécution du rè-
glement de 1772, qui a réduit aux deux
tiers la restitution des droits qui avait au-
paravant lieu en entier lors de l'exportation
à l'étranger ; et encore à ce que les Com-
mis, plus instruits et plus surveillés que
dans les premières années de la Régie, ont
mis plus d'exactitude à faire peser les cuirs,
à percevoir les droits , et à prévenir les
fraudes.

» On peut ajouter à ces raisons celles de l'augmentation, qui résulte nécessairement depuis
1771 , des deux sols pour livre additionnels.

» Il donne après cela le tableau du nombre
des cuirs de bœufs ou de vaches, marqués
dans la direction de Grenoble, dans les quatre
années de 1761 à 1764 : il se monte à 73,953 l.

» Il le compare au tableau de ceux qui
ont été marqués dans les quatre années de 1771
à 1774. Celui-ci ne se monte qu'à 62,999 l.
La diminution est d'environ *un sixième* ;
celle de la Fabrique doit être plus forte ,
parce que dans les premières années il se
faisait plus de fraude.

» Dans la direction de Romans, en 1764, on a marqué 7,826 cuirs, en 1774, 5,753, la diminution est de près *d'un quart.*

» Sur les cuirs de chevaux, mulets et ânes, dont il donne aussi le tableau, la diminution est d'environ *moitié.*

» La fabrication des peaux de mégisserie paraît avoir augmenté; *mais cette augmentation,* dit M. de Marcheval, *ne compense pas, à beaucoup près, la diminution qui se trouve sur les cuirs, ce sont les peaux d'agneaux et de chevreaux, destinées à la ganterie, qui forment le principal objet de l'augmentation. La raison du meilleur état, où se trouve cette branche de commerce, vient de ce que ces sortes de peaux ne payent que deux pour cent, tandis que les droits sur les cuirs se montent à plus de dix.*

» M. de Marcheval donne encore l'état des maîtres et des ouvriers travaillans aux peaux, tant en 1761 qu'en 1774, dans les différentes villes de sa Province.

» Il y avait, dans la première époque, *cent soixante dix-neuf* maîtres Tanneurs, Chamoiseurs ou Mégissiers, et *quatre cent soixante-un* ouvriers. Il n'y a dans la seconde que *cent cinquante-trois* maîtres, et *cent soixante-deux* ouvriers : diminution sur les maîtres, environ *un sixième* : diminution sur les ouvriers, environ les *trois cinquièmes.* La diminution sur la Fabrique doit être d'environ moitié. Cet état a été dressé, d'après les états particuliers, fournis par les Officiers-Municipaux des différens lieux y dénommés.

» Enfin, M. de Marcheval donne l'état de la recette, de la dépense, et des restitutions de la Régie du droit sur les cuirs, dans la direction de Grenoble, depuis 1761 jusqu'en 1774, suivant les comptes qui lui ont été remis par le Directeur de la Régie; et il en résulte que, depuis 1761 jusqu'en 1774, 543,998 l. 2 s. de recette totale, ont entraîné 512,127 l. 7 s. de dépense ou de restitution, et qu'il n'y a sur cette perception considérable, que 31,870 l. 15 s. de net. Ce n'est pas la seizième partie de la perception.

» Il est vrai que la restitution est montée à peu-près à moitié de la recette totale, ainsi le revenu clair paraît se monter, dans cette Province, à environ un huitième de l'imposition payée par le peuple.

BOURGOGNE.

» M. l'Intendant de Bourgogne a envoyé le 2 mai 1776, avec une lettre fort détaillée l'état des Fabricans qui existaient en 1760, et celui des Fabricans qui se sont trouvés en 1775.

» Il a remarqué sur les deux états l'affectation qui se trouve dans tous ceux de la Régie de mêler les simples Bourreliers avec les Fabricans de premier apprêt

» M. Dupleix donne ensuite la comparaison

de l'étendue de la fabrication de 1775, avec celle qui avait lieu lors de l'établissement de la Régie, et il ajoute des observations sur l'état actuel du commerce des cuirs et sur les causes particulières de cet état, dans chaque sub-délégation.

» Il conclut que *quoique le nombre des maîtres qu'occupe le commerce des cuirs, en confondant ensemble les Fabricans et les Débitans soit le même, à un seul près, en 1775 qu'en 1760, il y a cependant une différence bien remarquable dans l'étendue et le produit de la fabrication, moindre d'environ un tiers qu'en 1760 ; chaque Fabricant faisant beaucoup moins de travail.*

» Il estime la différence de la fabrication, dans la proportion de *dix-neuf* à *trente*».

Tel est le résumé qui fut mis, en 1778, sous les yeux de M. NECKER, de toutes les réponses faites en 1775 et 1776, au sujet du droit de marque des cuirs par MM. les Intendans, et qui n'ayant pas été renvoyées par les bureaux à la Régie même, faisaient partie du dossier de cette affaire.

Il se trouvait dans ce même dossier des mémoires contenant des plaintes graves, adressées au Conseil par les Tanneurs de Bordeaux, par ceux de la haute et basse Guyenne, par ceux du Béarn, par ceux du Poitou, par ceux de l'Angoumois ; par ceux du Berri et en particulier par ceux des villes de Paris, de St.-Germain, de Bayonne et de Niort. Ce dernier était accompagné du certificat du Lieutenant général du Baillage, en date du 6 janvier 1775, qui attestait que de 45 Tanneurs qui existaient dans cette ville en 1759, il n'en restait que 18 au moment où il signait cet acte.

Mais comme les faits rapportés dans ces mémoires particuliers des Fabricans mêmes qui se plaignaient, ne pouvaient avoir le degré d'autenticité de ceux qui avaient été constatés par les recherches et le travail de MM. les Intendans, on jugea qu'il fallait s'abstenir d'en rendre un compte détaillé, et qu'il suffisait d'indiquer que ces villes et ces provinces étaient au nombre de celles qui invoquaient la sollicitude du Gouvernement, pour en obtenir l'abolition de la marque des cuirs, et la commutation des droits qui s'y trouvent joints en une autre imposition.

M. *Necker* avait paru disposé à écouter leurs réclamations. Mais M. *Hamelin* qui regardait le droit de marque des cuirs comme utile, lui représenta qu'on ne pourrait supprimer ce droit qu'en le remplaçant par un impôt; qu'il était à craindre qu'un nouvel impôt ne choquât l'opinion, plus qu'un droit subsistant auquel on était accoutumé; que le tems de la guerre sur-tout n'était pas favorable pour opérer de telles commutations; que dans le plan de partager toutes les impositions indirectes entre trois grandes Compagnies de finance, il fallait réunir assez d'objets pour donner à chacune d'elles un certain poids; qu'on devait croire qu'il y avait de l'exagération dans les plaintes des Tanneurs; qu'il pouvait même s'en être glissé dans les observations des Subdélégués qui consultaient les Fabricans de leurs provinces; que le seul point qui parût suffisamment constaté était la cherté des fraix de perception; et que cet inconvénient disparaitrait en réunissant entre les mains des Regisseurs généraux toutes les branches de revenu qui se perçoivent par exercice; ce qui procurerait sur les fraix, et *au profit du Roi*, une économie qui était le point principal auquel on devait s'attacher.

Beaucoup de gens pensaient encore alors qu'il était bon en effet d'avoir des impôts de toutes espèces; que chacun d'eux en particulier en paraissait moins lourd, et que vû l'importance dont est l'opinion, la plus grande pesanteur réelle de la contribution était un moindre mal que la répugnance qu'inspireraient des impositions plus légères et moins masquées. Ces principes sont, ou du moins ont été ceux de presque tous les gens élevés dans les villes et qui y ont passé leur vie. Un Administrateur qui dans un tems de guerre fondait les resources de l'État sur les capitalistes des villes pouvait trouver raisonnable de se prêter à leurs idées; selon lesquelles toute réforme est taxée d'*innovation*, de dérangement, d'imprudence, et le projet de former le revenu public de la manière la plus simple et la moins coûteuse, est rangé parmi les *rêves des gens de bien.*

Les Nations assemblées et éclairées ne pensent pas ainsi. Elles voudraient être servies avec le moins de faux frais et de vexations qu'il soit possible. Elles ont raison. Mais on doit pardonner à ceux qui fondent leur fortune sur ces faux frais, de parler ou même de penser autrement. Et les Ministres qui, se trouvant par la nature des circonstances à la merci de ces capitalistes et de ces percepteurs, ont l'adresse de les opposer l'un à l'autre, et même le courage de diminuer leurs profits, doivent être loués comme ayant du moins fait un demi bien.

» Il paraît que ces raisons et ces motifs déterminèrent M. *Necker* dans le parti qu'il prit de n'apporter pour lors d'autre perfection nouvelle dans la levée de l'impôt sur les cuirs, qu'une plus grande économie dans les frais de perception. Cette économie, sans doute, a diminué d'autant les besoins du Trésor royal : mais il faut convenir aussi qu'en produisant un plus grand revenu pour le fisc, elle a présenté un obstacle de plus pour la réformation de cet impôt désastreux.

Il est difficile cependant de penser que cette économie soit aussi grande que le suppose la Régie, dans les états qu'elle donne à cet égard *par évaluation*, dit-elle , à M. *Lambert.*

Les fraix de perception du droit de marque des cuirs étaient de plus de *trente pour cent* avant que sa levée fût confiée à la Régie générale.

Depuis que cette Régie en est chargée, M. *Necker* a calculé à combien se montaient les fraix pour la totalité de ses recettes , et il les a trouvés de *dix-sept pour cent;* c'est déjà certainement une grande économie au lieu de *trente*; mais on doit penser que ces *dix-sept pour cent* s'appliquent proportionnellement à chacune des branches d'impositions et de droits qu'administre la Régie , et que , lorsque l'on fait le compte de l'un d'eux en particulier , il n'est pas exact de n'en compter les fraix par évaluation que sur le pied de *sept et demi pour cent*, comme la Régie le suppose.

Il est vrai que la Régie peut dire avec raison que s'il est question de supprimer un des droits dont la perception lui est confiée , ou d'en dénaturer la forme ; elle ne pourra pas diminuer ses fraix, précisement en raison de la part qui s'en applique aujourd'hui à cette perception ; qu'il lui restera des établissemens qu'il faudra soutenir, et dont la dépense portant sur un moindre nombre d'objets de recette et sur de plus faibles produits deviendra en proportion plus forte.

Cette considération devra être pesée dans la cinquiéme partie de cet ouvrage , lorsqu'il s'agira d'estimer le produit qu'on devra cher-

cher dans les abonnemens ou dans la commutation du droit de marque des cuirs.

Il suffit ici d'avoir établi que l'opération
qui a confié à la Régie générale la perception
du droit de marque des cuirs, n'a pu être
profitable qu'au fisc, et qu'elle n'a ni perfectionné la législation vexatoire de ce droit, ni
adouci la rigueur de ses formes litigieuses.
De sorte qu'il n'y a pas moyen de penser que
la Fabrique ait pû se relever depuis lors. Il
est au contraire sensible que l'addition des
huit sols pour livre, faite par M. *de Fleury*,
sur le droit de fabrication, a dû être très-
nuisible à cette branche d'industrie et de
commerce ; et que ces sols pour livre ne se
restituant point lors de la sortie du royaume,
le débit à l'étranger est plus chargé aujour-
d'hui que la fabrication elle même ne l'était
dans les onze premières années de l'établissement du droit. Il est donc impossible de regarder la fabrication des cuirs comme floris-
sante et comme n'ayant pas besoin des plus
prompts secours.

On va donner dans la partie suivante le
résultat des renseignemens que M. *Lambert*
a fait recueillir sur ce qui s'est passé depuis
le ministère de M. *Necker* et sur l'état actuel
des fabriques de cuirs et de peaux.

QUATRIÈME

~~~~~~~~~~~~~~~~~~~~~~~~~~~~~~~~~~~~~~

QUATRIÈME PARTIE.

Extrait *de ce qui s'est passé depuis le mi-*
nistère de M. Necker *, relativement au*
Droit de marque des cuirs , des nouvelles
réclamations qui se sont élevées , des
réponses de la Régie , et des nouveaux
renseignemens que Monsieur le Contrôleur-
Général s'est procurés.

La Régie s'est renfermée dans un argument
général, qu'elle a constamment opposé aux
réclamations qui se sont élevées contre le
droit de marque qu'elle est chargée de percevoir sur la fabrication des cuirs.

« Le principal brut du droit est propor-
» tionné à la fabrication, et d'environ un
» dixième de sa valeur. L'augmentation du
» produit du principal brut est donc une preuve
» manifeste de l'augmentation de la fabrica-
» tion. Et si celle-ci a lieu, il est clair que
» le droit de marque et sa police ont été
» plus avantageux que nuisibles à la Fabrique,
» et qu'on doit mépriser les raisonnemens
» vagues, les murmures et les déclamations
» qui tendent à faire supprimer ce droit,
» ou à changer la forme de sa perception. »

9

Ainsi, toutes les fois qu'il y a eu *augmen-tation* de rigueur dans les moyens de per-ception, la Régie a conclu qu'il y avait *aug-mentation de fabrication.*

Elle a cru voir cette augmentation, même à chaque moment où l'établissement de nou-veaux sols pour livre, tombant sur le com-merce, devait nécessairement lui causer un grand dommage.

Il est impossible d'imaginer qu'une aug-mentation d'impôt favorise une Fabrique; et il est vrai cependant que le produit brut du principal du droit de fabrication sur les cuirs est augmenté depuis l'établissement des huit nouveaux sols pour livre ajoutés en 1781 aux deux anciens.

Comment cet effet a-t-il eu lieu? le voici :

Les Régisseurs ont très-bien conçu que l'ad-dition de sols pour livre serait nuisible au Commerce et à la perception. On leur doit la justice de dire qu'ils ont opposé des repré-sentations à cette addition. Les Financiers éclairés savent que lorsqu'un droit sur le Com-merce ou sur la consommation s'est élevé jusqu'à un certain point, l'augmentation de sa proportion amène la diminution de son produit. En 1781, les Fermiers-Généraux ont préféré de payer, de leur poche, la somme que M. *de Fleury* espérait des nouveaux sols pour livre sur le tabac en poudre, plutôt que d'en hausser le prix pour le consommateur;

ils ont senti que ce haussement restraindrait
la consommation de manière à leur causer
une bien plus grande perte.

La Régie n'avait pas le même intérêt, et
l'objet des huit nouveaux sols pour livre aurait été pour elle bien plus considérable. Le
droit d'ailleurs n'étant pas à la consommation,
et son produit dépendant principalement,
comme nous l'avons fait voir plus haut, de
l'espèce de contribution que la terreur impose
aux Fabricans, et du partage que les Employés
en font à la Régie, une plus grande activité
de la part de celle-ci laisse toujours, ou du
moins laisse long-tems, l'espérance de soutenir
ou d'accroître la recette, malgré l'augmentation de surcharge de l'impôt et la décadence
de la fabrication.

Cette activité était naturellemrnt excitée par
l'augmentation même du danger que les huit
nouveaux sols pour livre faisaient courir à
la perception, et par le nouvel intérêt qu'elle
donnait à la fraude. *L'anguille va nous échapper; serrons-là ;* c'est un sentiment naturel,
un langage ordinaire. Et quand on devrait la
serrer jusqu'à l'étouffer, peu importe, si on la
mange.

C'est ainsi que le produit du principal du
droit s'est accru, toutes les fois qu'une augmentation d'impôt semblait devoir présager
une diminution dans la recette de ce principal.
L'augmentation de ce produit, dans une

telle circonstance, au lieu de constater l'accroissement de la fabrication, est donc une
des plus fortes preuves de l'augmentation de
rigueur, cause inévitable de décadence pour
la fabrication et le Commerce.

Et qu'il soit permis de faire ici une observation sur la pitoyable et redoutable méthode
d'augmenter les revenus publics, dans les
besoins de l'État, par des additions de sols
pour livre sur les droits de traite, de fabrication ou de consommation.

Nul n'oserait dire que la proportion de ces
droits, établis toujours à peu-près au hazard,
et plus ou moins forts en raison des plus ou
moins grandes résistances, ait été constamment
la plus parfaite qu'on ait pu imaginer. Il est
sensible au contraire que dans cette proportion, arbitrairement décidée, il y a plusieurs
denrées, plusieurs marchandises, plusieurs
fabrications, plusieurs branches de Commerce,
plusieurs Provinces, qui éprouvent un grand
désavantage, tandis que d'autres sont plus
favorablement traitées. Les sols pour livre
viennent alors ajouter à la disproportion et
augmenter l'impôt en raison de la misère.

Dans les pays de grandes Gabelles, où le
peuple payait le sel huit sols, il était certainement plus surchargé, par cette imposition,
que dans ceux des petites Gabelles, où il ne
le payait que quatre, et que dans les pays
rédimés, où le sel n'est sujet qu'à quelques

droits de traite assez légers. Le peuple était
et devait être plus pauvre dans les provinces
où le sel était plus cher; et même en supposant que d'autres impositions compensâssent
cette inégalité, l'excès de la Gabelle n'est
certainement pas une raison pour imposer
le peuple des provinces, où elle est établie,
dans une plus forte proportion que celui des
autres.

Qu'ont fait cependant les dix sols pour
livre? Ils ont imposé quatre sols par livre de
sel, sur la consommation du peuple des provinces les plus surchargées; deux sols seulement, ou moitié moins, sur celui des provinces de petites Gabelles, dont la position
était beaucoup plus favorable; et à peine
quelques deniers sur la consommation du
peuple des provinces rédimées.

Les provinces d'Aides se sont trouvées de
même accablées tout-à-coup d'une imposition
nouvelle, dont les provinces où les Aides
n'ont pas cours, sont entièrement exemptes.

C'est dans un siècle éclairé, et de l'avis
d'un Conseil vertueux, sous un Roi dont la
principale qualité est l'amour sévère de la
justice; c'est en 1781, qu'une telle opération
a été faite, et n'a éprouvé, de la part des
Cours, aucune réclamation.

Ce que nous venons de dire, relativement
aux sols pour livre, sur les droits de Gabelles
et d'Aides, s'applique avec la même justice

et avec une entière exactitude, aux sols pour
livre sur les droits de traite et de fabrication.

La fabrique des toiles et celle des draps,
ne sont heureusement soumises qu'à un droit
de marque très-léger, et qui serait peu nuisible sans les entraves qu'il apporte au commerce. Ce droit ne se monte qu'à quelques
sols sur une pièce de toile ou de drap; on
peut à peine le regarder comme étant d'un
quart pour cent de la valeur. Le principal
du droit sur les cuirs, au contraire, est établi
sur le pied de dix pour cent, et sur quelques
qualités de cuirs ou de peaux, il surpasse
cette proportion. Les dix sols pour livre qui
sont venus frapper indifféremment sur tous
ces droits, n'ont donc imposé que sur le pied
d'un demi-quart pour cent la fabrique des
toiles, qui prospère : tandis qu'ils ont imposé
sur le pied de cinq pour cent, ou dans une
proportion quarante fois plus forte la fabrique
des cuirs qui était en décadence. Il est clair
qu'un tel impôt a dû être une grande et nouvelle calamité pour la fabrication des cuirs,
lorsqu'il a été peu sensible sur celle des toiles,
et qu'il doit contribuer à augmenter le dérangement de la marche naturelle des capitaux qui se portent et doivent se porter vers
les emplois les plus profitables pour les Entrepreneurs.

C'est en quoi les augmentations d'imposi-

tions territoriales sont beaucoup moins funestes; car les plus injustes d'entr'elles ne
présentent jamais l'énorme disproportion que
nous venons de voir entre l'impôt sur les toiles
et l'impôt sur les cuirs. Plusieurs causes,
morales et *politiques*, portent à perfectionner sans cesse leur assiette; l'intérêt général
et la réclamation universelle, obligent de les
répartir avec quelque bon sens, en raison de
la fortune des Contribuables; et de convenir,
ou même de déclarer sans cesse, que c'est ce
principe de justice, ce desir raisonnable de
proportionner l'impôt à la fortune que l'on
veut prendre pour règle; ce qui en rapproche
perpétuellement.

Les augmentations de sols pour livre dans
les droits sur le commerce ou sur les fabrications, sont au contraire en raison inverse de
la fortune de ceux sur lesquels elles frappent.
Elles avouent sans pudeur que c'est à l'impôt le
plus accablant qu'elles veulent ajouter la plus
grande surcharge, et que *le plaisir du Roi*
a été que la contribution s'étendît sur ses
sujets à proportion de ce qu'ils ont moins de
moyens de la payer.

Il est impossible de rien imaginer de plus
décourageant pour le peuple, de plus contraire à la vertu du Prince, de plus opposé
aux lumières du Public, et aux bonnes intentions du Gouvernement.

Ce nouveau malheur arrivé à la fabrication

et au commerce des cuirs, ne pouvait qu'exciter la sollicitude des personnes qui conçoivent l'importance de cette manufacture, et qui savent combien ses succès, si désirables par eux-mêmes, sont propres encore à favoriser l'agriculture, l'augmentation des engrais, la production et le commerce de la viande de boucherie, du lait, du beurre, du fromage et des laines, en augmentant l'intérêt que l'on trouve à élever des bestiaux.

On crut devoir proposer à M. d'ORMESSON, parmi les opérations de bienfaisance et de bonne administration dont il était occupé, de détruire le droit de marque des cuirs, et d'y suppléer par une autre imposition. Il sentit, au premier coup-d'œil, les avantages de cette opération. Mais il trouva prudent de consulter M. *Hamelin*, qui partageait sa confiance : celui-ci qui avait eu part à l'institution du droit actuel de la marque des cuirs, aux progrès de sa législation, et à l'établissement des sols pour livre, et qui était plus à portée de connaître le bon ordre de comptabilité et les produits imposans de la Régie que les effets qu'elle produisait dans les provinces, mit M. *d'Ormesson* en balance, par le tableau progressif des produits. Et la retraite de ce Magistrat respectable ne lui laissa pas le tems de vérifier ce qu'il y a d'illusoire dans ces tableaux, relativement à l'état de la fabrication.

Les mêmes tentatives furent faites avec le même zèle auprès de M. DE CALONNE : d'abord avec la même apparence de succès, puis avec la même variation.

M. *de Villedeuil*, et ensuite M. *de Grandvelle*, étaient devenus successivement Intendans de la Régie générale. Ils avaient les meilleures intentions ; mais ainsi qu'il doit arriver dans les commencemens à tout Magistrat nouvellement chargé d'un département d'administration, il leur avait été impossible d'avoir d'autres renseignemens que ceux qu'ils avaient pu puiser chez les principaux Chefs de la Régie même, qui leur était confiée ; et le raisonnement que « le produit d'un droit » proportionné à la fabrication, ne peut aug- » menter qu'autant que celle-ci augmente », a d'abord quelque chose de si spécieux, il frappe tellement lorsque l'on n'a pu encore approfondir le parallogisme qu'il renferme en cette occasion, qu'on ne doit nullement blâmer l'impression qu'il leur avait faite, et qu'il est permis de louer la prudence qui leur fit regarder comme utile de s'opposer à une réforme dont la proposition ne dût leur paraître que l'effet d'un esprit dangereux d'innovation.

M. le *Comte* DE VERGENNES avait été dans le cas, par sa correspondance avec les provinces qui entraient dans son département, d'être plus éclairé sur l'état des Tanneries et des autres fabriques de cuirs et peaux. Il pressait M. *de Calonne* d'y apporter remède; et il crut avoir trouvé dans le traité de commerce avec l'Angletterre un moyen de l'y obliger.

Il annonça qu'il lui était impossible de refuser l'entrée des cuirs Anglais sous un droit modéré; et qu'il était donc indispensable de venir au secours des Tanneries Françaises, et de les soulager au moins des vexations attachées à la forme de la perception du droit de marque.

Ces représentations firent reprendre le travail.

M. *de Calonne* demanda à la Régie un relevé :

» 1.º Du produit net du droit de marque.

» 2.º Des fraix que son recouvrement occasionne.

» 3.º Des accroissemens ou diminutions depuis son établissement.

» 4.º Des abonnemens admis et de ceux proposés, et des motifs qui les avaient fait rejeter ».

La Régie répondit à la première question :

» Qu'il n'était pas possible de donner au juste le produit net du droit sur les cuirs, parceque les Employés chargés de le percevoir ont de tout tems réuni d'autres perceptions, et que ces diverses perceptions, qui s'entr'aident mutuellement, supportent

en commun les fraix de Régie qu'elles occasionnent. »

Elle joignit, sous le N.º 1.er, un état du
produit brut en principal du droit sur les
cuirs depuis l'année 1760. Cet état n'embrassait que les dix-sept premières années.

En le comparant avec celui qui a été donné
en dernier lieu à M. le Contrôleur-général,
on trouve quelques légères différences, que
nous exposerons lorsque nous aurons à parler
de ce dernier.

Relativement aux années postérieures, les
Régisseurs partaient des évaluations faites en
1784, afin de fixer la base des produits dans
les conventions entre la Régie et le Gouvernement, et de celles qui avaient lieu pour la
nouvelle Régie qu'on se préparait à former
et qui subsiste aujourd'hui.

D'après ces évaluations, la Régie estimait
à *trois millions huit cent quatre-vingt-qua-
torze mille neuf cent trois livres*, le produit
brut du principal des droits; à quoi ajoutant
les dix sols pour livre, puis en retranchant
les restitutions à la sortie, et supposant les
fraix de Régie à deux sols dix deniers du
principal, elle arrivait à la supputation de
*cinq millions quatre-vingt mille cinq cent
soixante-dix-huit livres de produit net.*

Les Régisseurs joignirent à cet égard un
Tableau de la quantité des Tanneurs, des
Hongroyeurs, des Bourreliers, des Corroyeurs,

des Chamoiseurs, des Mégissiers, des Parcheminiers et des Maroquiniers du Royaume; anx deux époques de 1760 et de 1778.

Cet état, divisé en deux colonnes, présente, dans la première, les quatre premières professions, et dans la seconde les quatre dernières.

Il énonce le nombre des Tanneurs, des Hongroyeurs, des Bourreliers et des Corroyeurs cumulés ensemble, comme augmenté de *neuf cent trente deux* sur *onze mille quatre-vingt-deux*, et celui des Chamoiseurs, des Mégissiers, des Parcheminiers et Maroquiniers, également réunis en un seul total, comme accru de *quatre cent neuf* sur *trois mille cent vingt.*

On a déjà observé en plusieurs endroits, combien ces Tableaux, où les simples artisans qui employent les peaux sont confondus avec les Fabricans de premier apprêt, et où pour ceux-ci mêmes les catalogues de Communautés à demi-oisives sont suppléés aux états des véritables Manufactures, sont peu concluans pour juger de la fabrication.

La troisième partie de ce rapport, et les informations données par MM. les Intendans, dont l'extrait y est relaté, contiennent tout ce qu'on peut dire, tant sur cet état fourni par la Régie que sur tous les autres, qui ne présenteraient pas de détails plus circonstanciés.

Un troisième Tableau, dressé aussi par les

Régisseurs, offrait la comparaison des anciens droits sur les cuirs et peaux, avec ceux établis par l'Édit de 1759. Il revient à celui qui se trouve dans la seconde partie de ce Rapport, page 28. Mais on n'y observait point que les anciens droits n'avaient lieu que dans une partie du Royaume, et que dans celle même où ils existaient légalement, ils étaient aliénés ou abonnés aux Tanneurs. On peut voir à cet égard la première partie de ce Rapport, dans laquelle ce point est suffisamment établi et discuté pages 29 à 31.

La Régie répondait sur la quatrième question : « Qu'il n'y avait eu d'abonnemens autorisés que pour Marseille, Dunkerque, la Navarre et le Pays de Labour ; que les demandes faites par la Bretagne et l'Artois, avaient été refusées ; que les demandes générales devaient l'être, parce qu'il faudrait suppléer au droit de marque une imposition qui serait arbitraire et nuisible au commerce, et qui exposerait à beaucoup de non-valeurs ».

Elle ajoutait que l'abonnement, s'il avait lieu, devait être fait sur le pied du produit brut, et non du produit net, parce que les autres perceptions de droits confiées à la Régie, occasionneraient les mêmes frais qu'aujourd'hui.

On répondit à ces Mémoires de la Régie, « que d'après ses propres calculs, renfermés dans les Tableaux que l'on cite, depuis 1764, première année où sa manutention a été complètement bien montée , jusqu'en 1771 , les produits bruts de la perception ont baissé de *trois millions deux cent treize mille livres* à *deux millions six cent soixante-dix-neuf mille cinq cent quarante-une*, ou d'environ un sixième, malgré les soins progressifs et la plus grande habileté des Régisseurs et des Commis, et malgré la sévérité apportée dans la Régie par les Lettres-patentes de 1766.

» Qu'une activité encore plus grande de la part des Régisseurs et de leurs Commis, et plus de terreur répandue sur les Contribuables par la multiplicité des procès, enfin que les précautions nouvelles établies par les loix que les Régisseurs ont sollicitées en différens tems ont soutenu ces produits, qui ont encore été augmentés par la diminution même de la bonne fabrication.

» Que les Tanneurs, appauvris et forcés de retirer plus promptement leurs fonds pour faire honneur à leurs engagemens, au lieu de laisser leurs cuirs deux ou trois ans en fosse, ne les y ont plus laissé qu'un an ou dix-huit mois; ce qui ayant rendu les cuirs plus mauvais et moins durables, a procuré de plus fréquentes occasions de percevoir le droit de marque.

» Qu'il n'y a personne qui ne sache que les cuirs dont il ▬ fait usage , sont en effet d'infiniment moins bonne qualité, et beaucoup plus promptement usés qu'ils ne l'étaient autrefois; que cette circonstance, jointe à l'augmentation du luxe, a doublé, ou à peu-près, la consommation, et aurait dû doubler aussi la fabrication du cuir, et par conséquent aussi le principal du droit de marque; et que, puisque ce produit ne se trouve cependant augmenté que d'un cinquième, on doit en conclure que la fabrication est tombée et retenue à près de moitié de ce qu'elle devait être, et que le surplus de la consommation est fourni par l'Étranger; ce qui n'est en effet que trop vrai. Comme aussi que c'est par des Étrangers, chez lesquels les principaux Fabricans sont des Français réfugiés, qui ont porté hors du Royaume leurs capitaux, dont ils n'y trouvaient plus un emploi profitable, et leur industrie qu'on y vexait ».

Il est impossible à celui qui écrit ceci, de ne pas se rappeler en effet, avec douleur, ce qu'il a vu en Allemagne: que le Palatinat, les États de Bade, et les pays de Liége, de Clèves et Juliers, n'ont presque formé leur belle et riche fabrication de cuirs, que par des Tanneurs Français, Alsaciens, Lorrains, Messins, Flamands, Artésiens, et même Champenois et Picards.

Il en est de même des fabriques élevées en Piémont, en Savoie, dans le Comté de Nice et sur la côte de Gênes.

On observait encore : « que l'assertion des Régisseurs, que le principal du droit unique est plus faible que les anciens droits, n'est point exacte, puisque dans le petit nombre des provinces où ils avaient été établis, ils étaient aliénés ou abonnés aux Tanneurs, de sorte que leur perception n'avait pas lieu.

» Que le droit de marque est entièrement nouveau dans la plus grande partie du Royaume, et que les sols pour livre en ont successivement accru le poids.

» Qu'il est absurde de dire qu'un droit de quinze pour cent de la valeur, dont la perception nécessite les formes les plus litigieuses, puisse ou ait pu favoriser une fabrique.

» Qu'il est cruel de penser que dans une classe entière de Citoyens qui font un commerce annuel d'environ soixante millions, il n'y ait pas un Fabricant qui ne puisse être poursuivi comme faussaire sans être coupable, et pas un faussaire qui puisse être véritablement convaincu ».

On concluait que toutes ces observations, au reste, devenaient superflues au moment où le Traité de commerce avec l'Angleterre permettant, sous un droit de *quinze pour cent*, qui ne peut jamais être perçu à la rigueur, l'entrée des ouvrages de cuir Anglais, supérieurs aux nôtres en qualité, il était véritablement déraisonnable de laisser les nôtres soumis

soumis à un droit effectif de *quinze pour cent*, accompagné de formes tellement litigieuses, et d'une espèce si dangereuse pour les Fabricans, qu'il est impossible qu'elles n'équivalent pas à une surcharge de *quinze autres pour cent*, sur la valeur d'une marchandise de moindre qualité que celle avec laquelle elle doit concourir.

» Un impôt double sur une marchandise d'une qualité inférieure, rendrait la concurrence si insoutenable pour nos Tanneries, qu'il est impossible, disait-on encore, de laisser les choses sur l'ancien pied ».

Ces raisons touchèrent le Ministre. Il prit la résolution de supprimer le droit de marque, moyennant un remplacement.

Le petit Comité intime d'Administration qui s'assemblait alors chez M. *de Montaran*, eut ordre de rédiger un projet de loi.

Il en proposa deux.

Un plus parfait, qui répartissait l'imposition sur tous les biens-fonds sans exception : d'après le principe que personne n'est exempt du reflet du droit de marque sur les cuirs ; et qu'il porte même principalement sur les deux ordres qui possèdent la plus grande partie des prairies et des fourrages dont le produit sert à la nourriture des bestiaux ; sur les deux ordres qui font aussi proportionnellement la plus grande consommation de cuir,

10

puisque ce sont eux qui vont en carrosse, et qui ne portent point de sabots.

On ne se flattait pas de voir adopter un projet si simple, si juste et si sage, qui aurait rendu au Roi son revenu de la manière la plus claire et la moins sujette aux non-valeurs, en même-tems qu'elle aurait été la moins dispendieuse pour son recouvrement, la moins onéreuse pour la Nation. Le progrès des lumières n'était pas encore assez grand chez cette Nation même, et le Gouvernement se croyait obligé de ménager des préjugés qu'il ne pouvait vaincre.

A ce projet équitable on en avait donc joint un second, sur lequel on donnera plus de détails, parce qu'il se rapproche davantage des opinions les plus générales.

Selon le second projet, on devait relever pour chaque province, sur les livres de la Régie, la somme que cette province avait payé en produit brut. Le Roi en aurait remis à la province un quart; les trois autres quarts répartis entre les Districts, en proportion de leur ancienne contribution, pour que chacun d'eux profitât du quart de remise faite par le Roi, devaient ensuite, sous l'autorité et l'inspection de l'Assemblée Provinciale ou des Pays d'États, et des Assemblées de Département, être partagés par les Tanneurs eux-mêmes et autres Fabricans de premier apprêt, entr'eux, dans une assemblée tenue au chef-lieu de l'arrondissement, et en raison du nombre d'ouvriers qu'ils emploieraient habituellement, dont ils ont réciproquement parfaite connaissance; chaque maître payant une contribution plus forte pour lui-même que pour un simple ouvrier.

Le rôle de répartition, les bases qui lui auraient servi de règle, et les motifs qui l'auraient déterminée, devaient être remis à l'Assemblée de Département, et par elle renvoyés, avec ses observations, à l'Assemblée Provinciale qui aurait rendu les rôles exécutoires.

L'Assemblée Provinciale comparant les différens taux auxquels les ouvriers et Fabricans de premier apprêt se seraient trouvés imposés dans les différens départemens de la province, aurait établi, pour l'année suivante, un taux moyen pour tous les arrondissemens.

Elle aurait envoyé au Ministre des Finances un extrait de ce travail, et sur le compte qu'il en aurait rendu au Roi, après avoir donné connaissance de tous les différens taux à toutes les Assemblées provinciales et à tous les Pays d'États, le Roi aurait fixé le taux moyen général de l'impôt sur les Tanneries dans tout le Royaume, tant sur les maîtres, que sur les ouvriers.

On eût en outre imposé au même titre de *rachat ou d'abonnement de l'impôt sur les cuirs*, une capitation légère sur les maîtres.

et ouvriers des professions qui emploient les cuirs et peaux, et qui, sans avoir payé directement le droit de marque, sont néanmoins soumis aux visites, aux exercices, aux gênes, aux procès qui en résultent. Cette capitation aurait été inférieure aux pertes que les vexations de la Régie des cuirs occasionnent à toutes les professions qui s'exercent sur cette matière: et les maîtres seuls l'auraient payée à raison de leurs ouvriers.

On aurait aussi laissé subsister le droit d'entrée de quinze pour cent, ou de trois sols par livre pesant sur les cuirs Anglais et autres étrangers, d'après le motif qu'on eût opposé à l'Angleterre, en cas de réclamation, que ce droit intérieur n'était pas anéanti; mais abonné seulement et perfectionné dans sa répartition.

Ces deux derniers produits, et l'économie d'une partie au moins des frais de Régie, auraient compensé au Roi, à très-peu de différence près, le sacrifice apparent qu'il aurait fait du quart du produit brut actuel.

Il aurait profité, en outre, d'une épargne sensible sur la dépense de sa Maison et de ses troupes.

Le Roi est le plus grand consommateur de cuir du royaume; sa Maison, ses Chasses, sa Cavalerie, son Infanterie même, ont sans cesse besoin d'une quantité énorme de voitures, de harnois, de selles, de bottes, de souliers, de buffleterie. Il faut que sur cette dépense le Roi rembourse d'une main aux Fournisseurs l'impôt et toutes les vexations qui en ont été la suite, sur un pied double de ce que de l'autre main il a tiré des Tanneurs et des Chamoiseurs. Son revenu apparent sur cette partie surpasse donc de beaucoup son revenu réel; et il perd encore sur la mauvaise qualité de la matière, qui oblige à un plus grand entretien et à de plus fréquens renouvellemens.

Tout assurait donc que l'opération serait favorable aux finances.

Pour éviter qu'il y eût aucune interruption dans les rentrées, on aurait ordonné que les droits des cuirs et peaux en fabrique, et portés en charge sur les livres de la Régie, seraieut acquittés dans l'espace d'une année par douzième, de mois en mois, d'après un tarif moyen.

Cette disposition et celle sur l'entrée des cuirs étrangers était commune aux deux projets de loix.

On crut un moment que celui dont on vient de donner une idée, serait adopté complettement.

La Régie donna des inquiétudes à M. *de Calonne*, sur une possibilité de non-valeurs; et après avoir voulu joindre cette opération aux autres, dont il devait mettre les projets sous les yeux des Notables, il préféra de la renvoyer au Comité dont M. *de Vergennes* pressait l'établissement, et que le Ministre des Finances voulut aussi présenter aux Notables, comme une des vues du Roi pour perfectionner l'*administration du commerce*, briser les chaînes réglémentaires, et arrêter l'avidité mal raisonnée de l'esprit fiscal.

Ce fut un grand chagrin pour les Citoyens, que le Ministre daignait consulter, que le premier renvoi de ce qui regarderait le droit de marque des cuirs, au *Comité d'Administration du Commerce*, qui n'existait pas encore; et que le second renvoi de l'institution si pressante de ce *Comité* à la dernière division des projets qu'on soumettrait aux Notables, de l'avis desquels on n'avait nul besoin pour cette opération, dont les entraves mises à notre Commerce par son Administration même et par celle du fisc, faisaient sentir chaque jour avec amertume l'indispensable nécessité.

Les Tanneurs, qui avaient été consultés sur le tarif moyen, d'après lequel on pourrait régler la contribution pour les cuirs et peaux en charge, de manière que le Roi n'y perdît point, et que le Commerce ne fut point vexé, furent au désespoir de l'incertitude dans laquelle ils virent retomber une opération de l'exécution de laquelle ils avaient pu se flatter.

Ils se sont agités; ils ont présenté des Mémoires anx Notables ; ils ont intéressé avec raison M. LAMBERT , alors rapporteur de celui des Bureaux dans lequel on a le plus travaillé.

Parvenu au Ministère, il s'est ressouvenu de leurs plaintes ; il a voulu constater à quel point elles étaient fondées ; il a écrit circulairement à tous Messieurs les Intendans ; il a favorablement écouté les demandes qui lui ont été faites par les Provinces.

Il a demandé aussi à la Régie , tous les éclaircissemens qu'elle pouvait lui fournir.

On va présenter le fruit de toutes ces recherches.

Il est venu des renseignemens sur quelques-unes des mêmes Provinces , dans lesquelles on en avait déjà recueilli , en 1775 et 1776, par les ordres de M. TURGOT.

Il en est venu sur quelques autres.

La Régie a donné les Tableaux détaillés qui lui ont été demandés, et y a joint des observations.

M. *de la Boullaye* a fait de son côté quelques observations particulières , sur la demande formée à cet égard par les États de Bretagne.

On va offrir l'extrait et la discussion de toutes ces pièces. Mais il est bon de commencer par le catalogue des Provinces , sur lesquelles on a reçu des éclaircissemens particuliers.

PROVINCES sur lesquelles on a obtenu des renseignemens en 1775, 1776 et 1788.	PROVINCES sur lesquelles on a eu des renseignemens en 1788 seulement.	PROVINCES sur lesquelles on a eu des renseignemens en 1775 et 1776, et point ou seulement des lettres provisoires en 1788.
Généralités de....{ Paris. Orléans. Soissons. Tours. Bordeaux. Poitiers. }　Provinc. de { Languedoc Provence. Bretagne. }	Généralités de...{ Besançon. Metz. Riom. }　Province de Béarn.	Généralités de....{ Alsace. Lorraine. Flandres. Rouen. Alençon. Limoges. Bourges. }　Provinc. de { Dauphiné. Bourgogne. }

PROVINCES *sur lesquelles on a eu, dans les deux époques, des renseignemens qu'il est possible de rapprocher.*

Généralité de PARIS.

M. L'Intendant de Paris envoye avec sa lettre du 8 février dernier, l'état des Tanneries à Chevreuse, Dreux et Coulommiers, la Ferté-Gaucher et Provins.

Selon cette Lettre et les Tableaux ci-joints,

Il y avait en 1959. | Il y en a en 1788.

A Chevreuse;

Dix-huit, tant Tanneurs que Mégissiers, qui occupaient *quarante* ouvriers et *quinze* chevaux.	*Dix-huit*, tant Tanneurs, que Mégissiers, qui emploient *dix* ouvriers et quatre chevaux.

A Dreux;

Cinq Tanneurs, qui occupaient *quatre - vingt - quinze* ouvriers.	Six Tanneurs, qui emploient *trente-un ouvriers.*

A Coulommiers;

au contraire, la fabrique est augmentée.

Huit Tanneurs qui occupaient *trente* ouvriers.	Dix Tanneurs, dont un seul fait la moitié de la fabrication; ils emploient entre eux tous *quarante* ouvriers.

Il paraît que l'établissement du Tanneur riche, qui fait la moitié de la fabrication et du Commerce de Coulommiers, est ce qui a relevé la Tannerie de cette Ville.

La note, jointe au Tableau, porte à douter que cette prospérité se soutienne.

« Le produit du droit, dit-elle, dans l'année commune des six, de la Régie de *Henri Clavel*, a été, à Coulommiers, de 51,672 liv.

« La première année de la Régie actuelle de *Kalendrin*, n'a rendu que 37,759 liv. »

A la Ferté-Gaucher.

Il y avait en 1759, *Quatre* Tanneurs, on ignore le nombre de leurs ouvriers.	Il y a en 1788. *Quatre* Tanneurs, qui occupent *dix* à *douze* ouvriers.

L'année moyenne des six de la Régie de *Henri Clavel*, y a produit 5,615 liv.

La première de la Régie actuelle de Kalendrin, seulement 3,067 liv., la diminution est à peu-près dans la même proportion qu'à Coulommiers.

A Provins ;

En 1759,	En 1788,
Quatorze Tanneurs ou Cor-royeurs, qui occupaient *trente-six* ouvriers.	*Cinq* Tanneurs ou Cor-royeurs, qui emploient *dix-huit* ouvriers.

M. *Tolosan* a envoyé un Mémoire des Tanneurs de Provins, que M. le Contrôleur-général a fait passer au Rapporteur le 29 juillet. Ce Mémoire expose que l'on donne aux Bouchers et aux Tanneurs de Paris, du sel de morue à 23 liv. 2 s. 6 d. le minot, tandis que ceux de Provins et des autres pays de grandes Gabelles, sont obligés de prendre le sel qu'ils emploient, pour la conservation et la première préparation des cuirs verds, au grenier à sel, et au prix de 64 liv. 14 s. le minot : ce qui fait un privilége exclusif pour les Tanneurs de Paris, et une perte considérable pour un tiers du Royaume, où l'excès de cette dépense conduit à laisser gâter ou détériorer beaucoup de cuirs.

Les Tanneurs de Provins, qui ont toujours passé pour habiles dans leur art, disent que la meilleure des préparations pour les cuirs est cette première salure, et cette observation afflige, en montrant un des funestes effets de la Gabelle, qui était ignoré, et combien l'addition des sols pour livre, dont on a fait sentir plus haut toute l'injustice, *p.* 132 à 136.

a dû être funeste à la fabrication et au Commerce des cuirs, et ajouter à leur désastre dans les Provinces de grandes et même de petites Gabelles. C'est ainsi que chaque recherche découvre une calamité.

Bon Dieu ! combien il est triste que les Gouvernemens aient été si long-tems obligés d'administrer au hasard et de se procurer les fonds nécessaires aux besoins publics , par leur seule autorité , sans pouvoir s'entendre avec les Nations ! Tout ce qu'on a pu faire de bien, a toujours été mêlé d'un mal plus ou moins ignoré. Nos armées campent sur des ruines, nos palais sont bâtis sur des cloaques, notre bienfaisance même a toujours arraché, avec une tyrannie dont elle n'avait pas d'idée, ses moyens à la pauvreté !

Poursuivons notre travail.

En 1775 , il avait été présenté plusieurs Mémoires par les Tanneurs de Paris et par ceux de St.-Germain en-Laye, dans lesquels ils annonçaient leur Commerce comme étant dans un grand état de décadence. Ces Mémoires, n'étant point alors appuyés des recherches de MM. les Intendans , on s'était borné à en faire mention sans les extraire. Ils ne se trouvent plus au dossier.

On y voit seulement, outre la lettre écrite et les états envoyés par M. Bertier,

1.º Un Mémoire des Tanneurs de Nemours, qui traite principalement de la difficulté de prévenir la fraude, du dommage qui en résulte pour les Tanneurs de bonne foi, et de la ruine qu'ils ne peuvent manquer d'éprouver; mais il ne contient point de calculs positifs sur l'état de la Tannerie, aux différentes époques.

2.º Un Mémoire des Cordonniers et Bourreliers de Montargis, Nemours, Cheroy, Chateau-Landon, Égreville, Ferrières, Lorrez-le-Bocage, la Selle-sur-le-Bied, Bransle, Sceaux, Treilles, Chaintreaux et Bazoches, qui représentent que, trouvant quelqu'avantage dans la coupe de leurs peaux, à commencer par la culée où est la marque de perception qu'ils doivent conserver, ils sont nécessités par cette obligation de conserver une lanière qui est perdue sur leurs peaux, et leur occasionne un déchet qui augmente pour eux le poids de l'impôt, et que cette lanière, pouvant quelquefois se rompre, les expose à des procès.

3.º Il y a enfin un Mémoire des Cordonniers et Selliers de Paris, qui demandent que l'on mette, par un nouveau régime, les Tanneries françaises en état de soutenir la concurrence des Tanneries anglaises.

Généralité d'ORLÉANS.

Selon la lettre et l'état adressés à Monsieur le Contrôleur-général, le 9 février dernier, par M. *de Cypierre de Chevilly*, Intendant d'Orléans, et en rapprochant cette lettre de celle écrite par M. son père, le 20 septembre 1775, nous trouvons qu'il y avait:

A Orléans ;

En 1759,	En 1775,	En 1787,
9 Tanneurs.	10 Tanneurs.	9 Tanneurs.
36 Mégissiers.	28 Mégissiers.	17 Mégissiers et Chamoiseurs.
1 Parcheminiers.		5 Parcheminiers.
16 Bourreliers.		2 Bourreliers.

A Meung.

15 Tanneurs.	17 Tanneurs.	13 Tanneurs.

A Blois.

5 Tanneurs, qui occupaient 18 à 20 ouvriers.	1 seul Tanneur.	2 Tanneurs, qui emploient 5 à 6 ouvriers.

Et qu'à *Chartres* il n'y a point de différence sensible entre les trois époques.

M. de Chevilly termine sa lettre en disant que, « malgré les réclamations des Tanneurs, il a été prouvé, en 1775, que les Tanneries n'avaient jamais eu plus d'étendue, que le produit des droits n'a jamais cessé d'augmenter jusqu'en 1784 et 1785. Qu'il y a lieu de penser que la fabrication est toujours plus considérable qu'en 1759, et qu'il est facile de s'en assurer par la comparaison des droits sur les cuirs, à compter de cette époque. »

M. son Père marquait, en 1775, que « les prévarications des Employés, et les fraudes commises par les Tanneurs, ont autant influé sur les produits que le plus ou le moins de fabrication. »

Que « la nature de la marque rend la fraude facile et les procès ruineux, d'où suit la cessation du travail de ceux qni les ont essuyés. »

Que « c'est ainsi que cette branche d'industrie a diminué.

Qu'il paraît qu'en général les Tanneurs emploient moins d'ouvriers qu'autrefois, etc. »

Les recherches faites en 1775, sur la généralité d'Orléans, l'ont été par M. *de Cypierre.* Le résultat qu'on vient de rapporter du compte qu'il en rendait, montre que M. son fils ne se les est pas fait représenter, et qu'elles n'ont pas prouvé que les Tanneries n'avaient jamais eu plus d'étendue.

Les Tanneurs de *Meung* et ceux d'*Orléans,* ont donné plusieurs Mémoires.

Et la Commission intermédiaire de l'Assemblée Provinciale, en a fait passer à M. le Contrôleur général, un joint à une lettre du 3o juin 1788.

Tous attestent la diminution et la décadence des Tanneries, mais ne rapportent point de faits positifs et particuliers, et ils ne sont pas susceptibles d'être extraits ici.

On reviendra sur les propositions qu'ils renferment, dans la cinquième partie de ce rapport, destiné à l'examen des projets.

Généralité de SOISSONS.

M. *de Morfontaine* a écrit, le 28 août 1775, qu'il ne restait, dans sa Généralité, que *trente-six* Tanneurs, qui faisaient mal leurs affaires, au lieu de *cinquante-neuf* qui les faisaient bien, lors de l'établissement du nouveau droit.

M. *de Blossac* paraît avoir cru qu'on s'occupait spécialement de l'état de la Tannerie à Noyon, qui est la ville de cette Province qui fait le plus grand commerce de cuir; il envoye, avec sa lettre du 22 janvier 1788, un Tableau duquel il résulte que:

En 1759, il y avait à Noyon *treize* Tanneurs qui employaient *quarante-deux* ouvriers et qui fabriquaient	En 1788, il n'y a plus dans la même ville que *trois* Tanneurs qui n'emploient en tout que *sept* ouvriers, et qui n'ont fabriqué en 1787 que
2930 Cuirs forts.	450 Cuirs forts.
1350 Vaches.	800 Vaches.
4900 Veaux.	2600 Veaux.

Diminution.

Sur la grande fabrique de plus des cinq sixièmes.
Sur la moyenne de plus d'un tiers.
Sur la petite de près de moitié.

Généralité de TOURS.

Les renseignemens donnés par M. *d'Aine,* constatent la progression de la dégradation de la Fabrique des cuirs, déjà très-forte en 1775, selon ce que marquait alors M. *Du Clusel.*

Comparaison.

On voit par la lettre de M. Du Clusel , en date du 14 août 1775, et dont l'extrait détaillé se trouve dans la 5ᵉ. partie de ce rapport, *p.* 97 *et* 98, que	On voit dans la lettre de M. d'Aine , écrite le 30 janvier 1788, qu'aujourd'hui il ne se trouve plus
A *Angers* , il n'y avait alors que *dix-sept* Tanneurs , reste de *trente-quatre*.	A *Angers* , que *sept* maîtres Tanneurs, qui n'occupent chacun qu'*un* ouvrier.
A *Amboise* , il y avait encore *six* Tanneurs, reste de *douze*.	A *Amboise* , *quatre* Tanneurs seulement , qui n'occupent entre eux tous que *dix* ouvriers.
A *Château-Regnaut*, il restait *huit* Tanneurs, au lieu 'de *vingt-cinq* qui y étaient établis en 1759.	A *Château-Regnaut* , un maître Tanneur, qui emploie *un* ouvrier.

Généralité de Bordeaux.

M. *de Neville* envoie, avec sa lettre du 21 janvier dernier , un état dont il résulte qu'il y avait dans la ville de Bordeaux :

En 1759 , *Seize* Tanneurs , qui occupaient *soixante-deux* ouvriers.	*Au mois de janvier* 1788, *Cinq* Tanneurs , qui n'emploient que *huit* ouvriers.

En 1775 , il y avait eu des réclamations , non-seulement des Tanneurs de Bordeaux , mais aussi de ceux de toutes les villes principales de la haute et basse Guyenne. Comme l'exactitude des faits qui s'y trouvaient énoncés n'avait n'avait point alors été vérifiée par MM. les Intendans, on n'avait point fait d'extrait de ces faits, et l'on s'était borné à parler des plaintes générales. Les Mémoires qui les renfermaient ne se sont plus trouvés au dossier.

Généralité de POITIERS.

M. l'Intendant de Poitiers envoie, avec sa lettre du 16 janvier dernier, un Tableau suivant lequel il y avait à Niort, en 1759, *neuf* Tanneurs qui employaient *treize* ouvriers, et en 1788, il n'y a plus que *trois* Tanneurs qui n'occupent que *quatre* ouvriers.

Ce renseignement paraît, au premier coup-d'œil, présenter une contradiction avec un certificat du Lieutenant-général de Niort, en date du 6 janvier 1775, qui attestait qu'en 1759 il y avait à Niort, *quarante-cinq* Tanneurs, et qu'en 1775 il n'y en restait que *dix-huit.*

L'explication de cette contradiction apparente, est que le Commerce principal de Niort est en Chamoiserie ; que le certificat de 1775, comprend les Tanneurs et les Chamoiseurs, et que M. *de Nanteuil* a cru, en 1788, que les renseignemens qui lui ont été demandés ne concernaient que la Tannerie, et n'a en conséquence fait de recherches que relativement aux Tanneurs proprement dits.

Quant aux Chamoiseurs de la même ville : ils ont présenté, au mois de mars, un Mémoire à la Commission intermédiaire de l'Élection de Niort, où l'on trouve des détails sur la nature des vexations particulières auxquelles la forme actuelle de perception soumet la Chamoiserie. Il est utile de l'exposer, parce que les yeux du Gouvernement s'étant naturellement fixé sur la branche principale, le tort éprouvé par la Chamoiserie est moins connu que celui que la Tannerie a souffert.

· Si les peaux ont été mal foulées, ou si elles restent grasses, le Chamoiseur ne peut, ni les renvoyer au foulon, ni les repasser en lessive, à cause du règlement qui défend de *recoucher en fosse, ni remettre en cuve les peaux prises en compte et marquées à charge.*

Si le Chamoiseur commence par faire poncer ses peaux, pour les unir, l'employé regardant cette préparation comme une ouverture de travail, veut apposer sa marque de charge ; mais la peau, qui est devenue d'un jaune foncé, dans les endroits poncés, et qui pour perdre cette teinte a besoin d'être lessivée et séchée ensuite au soleil, ne peut recevoir cette préparation qui effacerait la marque de charge, elle reste tachée et dépréciée.

· Si le Chamoiseur achette des peaux de mouton qui n'ont eu que le travail de l'effleurage, après lequel elles sont seulement propres à faire des doublures, il ne peut, sans payer le droit une seconde fois, leur donner le travail qu'on appelle *remaillage*, qui les rendrait propres à faire de beaux gants. Une partie de la valeur de la marchandise reste perdue pour la société entière.

Les peaux en mégie, destinées à faire des gants blancs, sont marquées à l'huile et au noir de fumée ; souvent l'huile perce ou le noir tache les autres endroits qui peuvent y toucher, on ne peut plus employer les morceaux tachés.

Le Chamoiseur-Gantier ne peut donner à coudre hors de chez lui, qu'après la marque de perception. Il faut qu'il attende la commodité des Commis, pour cette marque, ou qu'il fasse coudre chez lui. Il faudrait, pour cette dernière condition, un local immense, et la nature de ce travail comporte qu'il soit répandu chez une multitude d'ouvrières qui cousent les gants chez elles, tout en soignant leur ménage et leurs enfans ; ce qui est la manière la plus utile de répandre des salaires.

Le Gantier prend, dans chaque peau, cinq paires de gants ou dix morceaux. Il n'y a sur chaque peau que deux marques, une à la tête et l'autre à la culée. Il y a donc nécessairement quatre fois plus de morceaux qui n'ont point de marque, que de ceux qui en ont, et encore a-t-on soin, pour la propreté de l'ouvrage, de laisser autant que l'on peut

les marques dans les d chets. On ne peut
pa ne couper qu'une paire de gants à-la-fois,
et la faire coudre en attendant qu'on coupe
la suivante. On coupe, au dépeçage, au
moins une ou deux douzaines de peaux pour
faire soixante ou cent vingt paires de gants.
Les Employés arrivent au milieu de cette opération, et saisissent les morceaux non - marqués, d'après le Règlement qui oblige de
garder pour les derniers les morceaux qui ont
l'empreinte. Plusieurs sentences de l'Election
de Niort, dans lesquels les juges se sont crus
obligés de suivre la lettre du Règlement, ont
confirmé des saisies de cette espèce, qui
peuvent être renouvelées toutes les fois que
l'on coupe une peau pour faire des gants.

Le même Mémoire expose le dommage
que peut éprouver le Fabricant, par la prohibition de vendre es cuirs en peaux et en
cours d'apprêt, même lorsque la nécessité de
faire honneur à ses engagemens, ou un autre
besoin urgent, peut lui en faire la loi.

Il montre combien est fâcheuse la gêne
que reçoit le commerce, de ce que le Tanneur ne peut mettre en noir ou en rouge,
sur la demande de son acheteur, un cuir
marqué de perception sans faire une nouvelle déclaration, attendre l'inspection des
Commis et la vérification qu'ils font du poids
de la peau à mettre en couleur; ensuite de
quoi, lorsqu'elle y est mise, il faut retourner

chercher le Commis, faire une nouvelle pesée et payer le droit pour l'augmentation du poids qu'elle a pu acquérir par la couleur.

Quelquefois la peau s'étant séchée davantage dans la préparation, a perdu de son poids au lieu d'en acquérir, et la double visite des Commis est sans objet pour le fisc ; mais elle n'en est pas moins exigée, à peine de douze cents livres d'amende, n'en consume pas moins le tems, et ne dérange pas moins les opérations du Fabricant.

Le Mémoire est terminé par un projet rédigé avec soin, dans lequel l'Auteur, après avoir exposé les inconvéniens que peut présenter l'abonnement du droit pour les Tanneurs, propose d'y suppléer un droit sur les boucheries.

On renverra la discussion de ce projet avec celle des autres projets à la dernière partie de ce Mémoire.

LANGUEDOC.

Il paraît que la lettre écrite à M. l'Intendant de Languedoc, n'a pas été rédigée de manière à ce que les questions qu'elle renfermait présentassent un sens assez étendu ; car ce Magistrat semble avoir compris que le Ministre ne desirait être instruit que sur l'état de la Tannerie à Toulouse.

Selon le tableau qu'il envoie avec sa lettre du 28 janvier, et qui ne concerne que cette ville, il s'y trouvait, en 1759, *dix* Maîtres Tanneurs, dont il rapporte les noms, qui employaient *cinquante* ouvriers, et qui faisaient un commerce considérable.

Il n'y en a, en 1788, que *cinq* qui, dit-il, « n'ont presque plus d'ouvriers, et font par eux-mêmes le peu de travail qui les occupe.

» Il y a, dit M. l'Intendant, *sept* autres Maîtres qui n'en ont que le titre, et ne font absolument rien ».

Un autre Mémoire, signé par soixante-deux Tanneurs de différentes ⋅⋅⋅rties du Languedoc, indique un abus dont on n'avait pas encore connaissance.

Ce Mémoire expose qu'il y a un procès entre la Régie et les Tanneurs de Narbonne, dont la cause est très-singulière.

Les Employés soupçonnant les Tanneurs d'avoir fait de fausses presses parfaitement semblables aux véritables, ont supprimé des leurs quelques points de reconnaissance, et incliné quelques jambages, et ont marqué avec ces presses défigurées en secret, comptant reconnaître les fraudeurs dont les cuirs se trouveraient marqués d'une manière conforme à la matrice déposée au greffe.

Il s'ensuit que les marques qui se trouvent parfaitement semblables à la matrice sont soupçonnées de faux, et que celles qui ont été apposées par les Commis sont très-réellement de fausses marques, que les Juges doivent déclarer telles puisqu'elles n'ont point de rapport avec les empreintes et les matrices déposées au greffe.

La Régie a eu plusieurs procès de ce genre, selon ce que rapporte ce Mémoire. Elle en a perdu deux à la Cour des Aides de Normandie, contre les Tanneurs d'Aumale, en 1776 et 1777; un autre en 1781, à la Cour des Aides de Montpellier; un autre devant le Maître des Ports de Narbonne, en 1784, dont elle avait appelé, et de l'appel duquel elle s'est désistée ; un autre contre le sieur *Courvesy*, Tanneur à Grenoble.

Il est inutile de suivre l'historique de ces Procès, et de faire des recherches à leur sujet ; mais il ne l'est pas de voir à quel arbitraire le commerce et la fabrication des cuirs ont été soumis, et de juger combien les Tanneurs ont dû éprouver de vexations avant de se déterminer à attaquer à leur tour, en justice réglée, une Régie qui a mille moyens d'accabler chacun d'eux en particulier.

PROVENCE.

M. *de la Tour*, consulté sur l'état des Tanneries à l'époque actuelle et à celle de l'établissement de la Régie, envoie avec sa lettre du 3 février dernier, quatre tableaux qu'il est bon de rapprocher de ceux qu'il avait envoyés avec sa lettre du 19 décembre 1775, dont il a été parlé dans la troisième partie de ce Rapport , pages 110 et 111.

	En 1789,	En 1775,	En 1788,
A Aix......	17 Tanneurs.	5 Tanneurs.	2 Tanneurs.
	144 Ouvriers.		6 Ouvriers.
A Brignolles.	44 Tanneurs.		21 Tanneurs.
	136 Ouvriers.	24 Tanneurs.	82 Ouvriers.

MM. les Procureurs des États de Provence ont donné à ce sujet un Mémoire, qui a été suivi d'un autre donné par MM. les Président et Députés des mêmes États.

Selon un tableau joint au premier de ces Mémoires, il y avait :

	En 1759.	En 1766.	En 1774.	En 1786.	
A Aix......	17.	15.	9.	1,	
A Brignolles.	47.	29.	27.	22,	
Et dans les 29 arrondissem.ᵗ formant l'étendue de la Direct. d'Aix.	166.	147.	129.	82.	} Tanneurs.

Ce tableau n'est pas entièrement conforme à celui envoyé par M. l'Intendant, quoique les résultats n'en soient pas très - dissemblables. Cependant, s'il ne s'agissait pas d'un fait aussi clair que la diminution des Tanneries le paraît aux yeux de la raison, on s'affligerait et s'inquiéterait des différences, quoique peu considérables, que présentent des états levés aux mêmes époques, dans les mêmes lieux ; car les choses de fait ne devraient comporter aucune différence dans les récits

Il s'en trouve une très-grande entre un tableau publié par la Régie en 1775, sur le nombre des Tanneurs et les produits du droit de marque à Brignolles, pendant les quatorze premières années de son établissement, et un autre tableau que les Procureurs des États de Provence disent avoir relevé sur les registres de la Régie même.

On va présenter ces deux tableaux.

TABLEAUX des Produits du droit de marque des cuirs dans la ville de Brignolles, et du nombre de Tanneurs y existans.

ANNÉES.	TABLEAU Publié par les Régisseurs dans leur mémoire contre le sieur Belleau-des-Douaires, *p.* 63.		TABLEAU Que les Procureurs des États de Provence assurent avoir tiré des registres même de la Régie.	
	Nombre de Tanneurs.	Produit.	Nombre des Tanneurs.	Produit.
		liv. s. d.		liv. s.
1760.	7.	3,192. 6. 6	42.	20,875. 2.
1761.	7.	5,707. 9. 4	42.	46,023. 9.
1762.	7.	8,332. 3. »	42.	52,202. 18.
1763.	11.	10,505. 9. »	42.	50,188. 2.
1764.	11.	13,289. 1. »	42.	52,097. »
1765.	13.	17,243. 12. «	42.	63,218. 19.
1766.	15.	18,655. 19. »	29.	65,609. 13.
1767.	15.	25,285. 17. »	29.	69,005. 18.
1768.	15.	25,914. 11. »	29.	64,710. 10.
1769.	17.	24,445. 14. 4	29.	68,967. 11.
1770.	20.	20,472. » »	29.	72,646. 4.
1771.	22.	25,290. 18. 5	29.	77,515. 2.
1772.	22.	19,071. 7. 9	29.	74,417. 9.
1773.	20.	22,510. 18. »	27.	81,800. 1.
		239,917. 6. 2		859,282. 18.

Les tableaux remis e⃗ dernier lieu par la Régie au Ministre, embrassant chaque année dans dans un seul article les produits de toute la Provence, ne peuvent donner aucune lumière sur la conciliation, l'exactitude ou les défauts de ces deux tableaux si peu ressemblans.

En combinant les renseignemens envoyés par M. *de la Tour*, en 1775, et les tableaux présentés aujourd'hui par les États de Provence, on trouve qu'il y avait à Grasse :

En 1759,	En 1775,	En 1787,
81.	61.	42 Tanneurs ou Mégissiers.

Selon le tableau n.º V, joint au Mémoire signé par les Président et Députés des États, il y avait dans la totalité de la direction de Grasse :

En 1759,	En 1787,
159 Tanneurs.	79 Tanneurs ou Mégissiers.

Un autre tableau n.º VI, joint au même Mémoire, expose qu'à Brignolles il a été fabriqué :

En 1760,	En 1769,	En 1786,	
31,180.	28,492.	19,000.	Cuirs de bœufs ou vaches.
En 1763,	**En 1769,**	**En 1786,**	
70,192.	68,986.	60,000.	Peaux de veaux ou moutons.
16,758.	16,016.	3,120.	Peaux de boucs et chèvres.

Enfin, un septième tableau indique qu'il a été exporté de Provence à l'Étranger,

En 1760, environ *vingt-un mille* cuirs de bœufs ou vaches, *cinquante mille* peaux de veaux et de moutons et *quatorze mille* de boucs et de chèvres.

En 1769, environ *dix-huit mille* cuirs de bœufs ou vaches, *quatre - vingt - six mille* peaux de veaux ou moutons et *vingt sept mille* peaux de boucs et chèvres.

Ei qu'en 1786, l'exportation ne s'est pas montée au-dessus de la valeur de plus de *sept cents* cuirs.

Les Procureurs du pays de Provence, estiment que les différens droits acquittés par un cuir des Colonies, fabriqué dans leur Province, se montent à *vingt-cinq* pour *cent* de la valeur, sans compter les vexations et les dépenses litigieuses.

En voilà suffisamment pour donner une idée de l'état des Tanneries et autres Fabriques de cuirs et de peaux dans cette Province, sur laquelle les recherches des États, et les travaux de M. *de Bremont* et de M. *Bigot de Préameneu*, ont jeté à cet égard la plus grande lumière.

BRETAGNE.

Les États de Bretagne exposent dans l'article 10 de leurs cahiers, qu'il ne se fabrique pas actuellement, dans leur Province, le tiers de la quantité des cuirs qui s'y fabriquaient en 1759.

Ce renseignement s'accorde assez bien avec ceux très-détaillés donnés par M. *Case de la Bove*, au commencement de 1776, qui annonçaient déjà une diminution de plus de moitié dans la fabrication : diminution qui a dû être progressive.

Il ne se rapporte pas moins à ce que rapporte aujourd'hui M. *de Bertrand*.

Il envoye, avec sa lettre du 25 janvier dernier, un état des Tanneries à Nantes, d'où il résulte, en le rapprochant de celui envoyé par M. *Case de la Bove*, le 5 février 1776, qu'il y avait dans cette ville :

En 1759,	*En* 1775,	*En* 1787,
Vingt-neuf Tanneries dont *vingt-deux* occupaient entre elles *cent* ouvriers, et les *sept* autres étaient peu occupées. Et que toutes ensemble fabriquaient *treize mille* cuirs de bœufs, tant d'Irlande que du pays, *treize mille* cuirs de vaches et *vingt-six mille* peaux de veaux, en tout *cinquante — deux mille* cuirs ou peaux.	*Dix-sept* Tanneries, dans lesquelle on ne fabriquait plus que *onze cent trente* cuirs de bœufs d'Irlande, *quinze cent* de bœufs du pays, *trois mille* de bœufs et vaches des colonies; *seize - cent* vaches du pays, et *douze cent* peaux de veaux; en tout *huit mille quatre cent trente* cuirs ou peaux.	*Dix* Tanneries, qui occupent *trente-cinq* ouvriers.

M. l'Intendant de Bretagne ajoute, dans sa lettre, que la diminution est à peu-près la même dans toutes les autres villes et bourgs de son Département.

Il joint à une seconde lettre du 1.er février, un Mémoire des Tanneurs de Nantes, dans lequel ceux-ci exposent que, « lors de l'établissement du droit, il y avait, à Nantes, *quarante* maîtres Tanneurs ». Cela se peut, quoique M. *Case de la Bove* n'ait envoyé note que de *vingt-neuf*, dont il paraît même, par le Tableau qu'a fait rédiger M. *de Molleville*, qu'il n'y en avait que *vingt-deux* en pleine activité. Les listes des Communautés présentent toujours un plus grand nombre de maîtres qu'il n'y en a qui travaillent réellement, ceux qui sont ruinés restant sur le catalogue.

« Qu'ils ne sont plus que *dix*. »

Que « la Régie marque de charge en humide, et entend vérifier cette marque avant d'apposer la marque de perception, quoique la loi de 1772 ait reconnu que la marque en humide ne pouvait présenter un caractère suffisant de vérification.

» Qu'il se fait des saisies contre l'esprit de cette loi, pour difformité de cette marque de charge. »

Que « la marque de perception est même appliquée souvent avant que le cuir soit entièrement sec, ce qui augmente l'impôt qu'ils estiment à *vingt-cinq* pour *cent* de la valeur : calcul qui peut être exagéré, mais qui revient à celui fait par les Procureurs du pays de Provence. »

Et qu'enfin, « l'obligation au Fabricant d'apposer sa marque particulière et de devenir ainsi garant de celle de la Régie, est un nouveau sujet de vexation. »

Et qu'aussi « un grand nombre de leurs confrères ont quitté, ou sont passés chez l'étranger. »

On trouve encore au dossier, un Mémoire des Tanneurs de *Vitré*, qui disent que depuis l'établissement du droit, ils ont vu plus de *soixante* de leurs confrères ruinés.

En rapprochant cette assertion des renseignemens pris par M. *de la Bove*, *en* 1775, il paraîtrait qu'il y avait à *Vitré* :

En 1759,	*En* 1775,	*En* 1787,
Soixante -- six Tanneurs, qui occupaient *cent vingt-six* ouvriers.	*Trente-deux* Tanneurs qui n'employaient plus que *quarante -- quatre* ouvriers.	*Six* Tanneurs seulement, dont le nombre d'ouvriers n'est pas énoncé.

Les Tanneurs de *Vitré* concluent par demander la suppression absolue du droit, et que l'adjudication des bois se fasse en deux lots, l'un des écorces, et l'autre du bois même.

M. *de la Boulaye*, dans une lettre du 5 avril dernier, à M. le Contrôleur-général, a opposé aux cahiers des Etats de Bretagne et au rapport de MM. les Intendans, que le produit du principal du droit de marque n'avait été dans l'année moyenne des six premières années de son établissement, en Bretagne, que de 245,000 liv, et que l'année moyenne des six dernières s'est élevée à *cent mille écus.*

Il en conclut « qu'on doit regarder comme constant que le droit sur les cuirs n'est destructif, ni par sa quotité, ni par la forme de sa perception, et qu'à en juger par le produit, la fabrication est augmentée d'environ un quart ».

C'est l'opinion que la Régie met en avant dans tous ses Mémoires. Il est assez naturel que M. *de la Boulaye* l'ait adoptée ; ce Magistrat ayant été plus à portée de l'entendre répéter, qu'il ne l'a été de peser les opinions contraires.

Mais il est digne de lui de ne pas s'arrêter à ce premier aspect; et il est vraisemblable qu'un examen plus approfondi le persuaderait que l'augmentation du produit ne prouve que celle de la rigueur de la perception, qui n'est pas, et ne peut être un encouragement pour la Fabrique.

PROVINCES *sur lesquelles on n'a eu de renseignemens qu'en 1788.*

Généralité de BESANÇON.

Selon trois états, que M. l'Intendant de Franche-Comté joint à sa lettre du 22 février dernier il y avait à Besançon :

En 1763,	En 1787,
Époque de l'établissement du droit de marque en Franche-Comté,	
12 Tanneurs.	10 Tanneurs.
10 Chamoiseurs.	13 Chamoiseurs.
Et 5 Bourreliers.	5 Bourreliers.
On ignore le nombre des ouvriers qu'ils employaient.	

M. l'Intendant donne aussi le produit du principal des droits levés à Besançon en 1763, et dans les quatre dernières années.

Il se monta, dans la première année de l'établissement du droit, à 13,878 l. 9 s. 3 d.

Il s'est élevé en 1784 jusqu'à 24,015 » »

Il est retombé progressivement dans les années suivantes, savoir :

En 1785 à............... 23,715 » »
En 1786 à............... 22,482 » »
En 1787 à............... 19,962 18 »

Nous avons évalué dans d'autres occasions les conséquences que l'on peut tirer des augmentations des produits.

Généralité

Généralité de M E T Z.

M. l'Intendant de Metz expose, dans une première lettre du 29 janvier dernier, que les Tanneurs de Metz n'ont pu lui donner aucun renseignement sur leur ancien état; mais qu'il « en a été bien dédommagé par le tableau des produits de la Régie, que lui a remis le Directeur, et qui est une mesure bien plus sûre que l'état comparatif des ouvriers qui ont été ou qui sont employés ».

Ces produits paraissent en effet s'être élevés depuis 1774, et le Directeur dit que cette progression est la meilleure réfutation des assertions répandues dans le Mémoire présenté par la Communauté des Tanneurs de Metz à l'Assemblée Provinciale.

Quant à Sedan, M. *De Pont* dit que d'après le Mémoire imprimé, que les Tanneurs de cette ville ont remis à son Subdélégué, il paraît que leur commerce a réellement déchu; mais il pense qu'il faudrait attendre l'état différentiel des produits que le Directeur n'a pu encore lui envoyer.

Selon ce Mémoire, joint à la lettre de M. *De Pont,* il y avait

A Sedan,

En 1759,	Et au 16 janvier 1788,
Seize maîtres Tanneurs qui occupaient *soixante-quatorze* ouvriers.	*Neuf* maîtres qui n'employaient que *dix* ouvriers.

. Avec une seconde lettre du 8 février, M. *De Pont* envoye un mémoire qui lui a été présenté par les Tanneurs de Metz, et qui contient l'état de leur fabrique dans les deux époques.

Selon les tableaux joints à ce Mémoire, il y avait

A Metz,

En 1759,	En 1787,
Quarante-huit Tanneurs qui occupaient *quatre-vingt-quatre* ouvriers et *cent quatre-vingt quatorze* fosses.	*Trente-six* Tanneurs qui n'occupent que *vingt-trois* ouvriers et *quatre-vingt-dix-neuf* fosses.

L'état joint au tableau présenté par le Directeur de la Régie, indique,

En 1759,	En 1787,
Cinquante Tanneurs.	*Quarante-deux* Tanneurs.

Les deux états se concilient par l'observation que font les Tanneurs de Metz, qu'ils ne comptent point quelques-uns de leurs confrères qui n'en portent que le titre, qui ne font aucun travail, et qui ne sont imposés sur les rôles d'industrie que pour *cinq sols*, *dix sols* ou *quinze sols*.

Ce qui serait impossible à concilier, serait l'augmentation de fabrication que le Directeur suppose, quand le nombre des ouvriers est diminué des trois quarts, et celui des fosses de moitié.

On a déjà suffisamment montré comment les produits du droit de marque ont pu augmenter, quoique la fabrication soit diminuée, pour qu'il soit inutile d'y revenir ici.

Les Tanneurs de Metz ont remis à l'Assemblée Provinciale un Mémoire imprimé qui se trouve au dossier, et qui ne contient aucune vérité nouvelle, mais seulement celles dont le Ministre doit être actuellement fatigué.

Le Directeur y a répondu par un autre Mémoire écrit avec chaleur, mais qui ne paraît pas détruire les faits qu'il s'efforce de combattre.

Généralité de RIOM.

Les Tanneurs d'Aurillac ont présenté à l'Assemblée Provinciale d'Auvergne, un Mémoire, dans lequel, après avoir relevé les inconvéniens déjà connus du droit de marque, ils exposent aussi les méprises que font les Commis, en portant sur leur plumitif, sous le nom d'un Tanneur, les articles qui devraient en concerner un autre, et les dangers de l'infaillibilité qu'ils s'attribuent en ce cas.

Ils parlent de la décadence de leur commerce, mais sans rendre compte de son état positif.

Ils proposent divers projets, dont la discussion doit être renvoyée à la partie suivante de ce Rapport.

BÉARN.

Les Tanneurs du Béarn se plaignent, par un Mémoire, que M. le Contrôleur-général

à renvoyé au Rapporteur le 24 avril, que la
Régie a saisi des cuirs dont elle convient
que la marque de perception est bonne, sous
le prétexte qu'ils se trouvent avoir acquis par
l'humidité plus de poids qu'ils n'en avaient lors
de l'apposition de cette marque; qu'ils fondent
cette prétention sur la défense faite par l'article VI des Lettres - patentes de 1772, « de
recoucher les cuirs en fosse ou en cuve après
la marque », et sur un arrêt du Parlement
de Navarre, rendu à la requête du Régisseur,
le 3 février 1773, par lequel il est « défendu
de faire aucun travail au cuir après la marque
de perception, et d'y mettre aucune huile ou
graisse, ou de les retremper ».

Ils exposent qu'il est souvent nécessaire de
donner un léger apprêt aux cuirs vieillis en
magasin, pour leur faire reprendre l'apparence
qui favorise le débit ; que les cuirs forts pré-
parés à l'orge, seraient cassans et ne pourraient être ni étendus, ni employés, si on
ne les humectait pas ; et qu'indépendamment même de la volonté des Tanneurs, la
position de leurs logemens au bord des ri-
vières, un défaut dans les couvertures des
maisons, la pluie qui survient pendant le
voiturage, peuvent et doivent souvent procurer au cuir une humidité et une augmentation de poids inévitable ; que le cas est
arrivé, et qu'il existe actuellement un procès
au Parlement de Navarre, pour l'augmenta-

tion de poids acquise par des cuirs forts qu'on n'avait pu serrer et qui avaient été surpris de la pluie pendant la nuit; que c'est le comble de l'absurdité et de l'injustice de saisir lorsque la fidélité des marques, reconnue même par les Employés du Régisseur, repousse tout soupçon de fraude.

PROVINCES *sur lesquelles on a eu des renseignemens en 1775 et 1776, et point encore ou de simples lettres provisoires en 1788.*

On avait eu, en 1775 et 1776, des renseignemens très-détaillés sur les Généralités d'*Alsace*, de *Lorraine* et de *Flandres*, sur celle de *Rouen*, et sur la province de *Bourgogne*. On en a rendu compte, et on les a discutés dans la troisième partie de ce Rapport, depuis la page 63 jusqu'à la page 94; pages 109 et 110; et enfin, pages 122 et 123.

Il n'est venu dans cette année aucuns renseignemens nouveaux sur ces Provinces.

Quant aux Généralités de *Bourges* et de *Limoges*, on n'avait, en 1775, eu que des mémoires de plaintes des Tanneurs, qu'on s'est alors contenté de mentionner, qu'on n'a point extrait, et qui ne se trouvent plus au dossier.

M. le Contrôleur-général a reçu deux lettres provisoires.

L'une de M. l'Intendant d'*Alençon*, qui

certifie une grande différence dans l'état des Tanneries à *Falaise*, en 1759 et en 1788, et promet des renseignemens ultérieurs.

On a vu dans la troisième partie de ce Rapport, que le 20 juillet 1775 il disait déja qu'alors la valeur de la fabrication des cuirs était tombée dans sa Généralité de *douze cents mille francs à cinq cents mille*, page 96.

La seconde lettre provisoire est de M. l'Intendant de Dauphiné, qui annonce qu'il mettra le plus grand soin à recueillir les renseignemens que M. le Contrôleur-général lui a demandés.

On peut se rappeler que selon ce qu'il a été exposé dans la troisième partie de ce Rapport, depuis la page 118 jusqu'à la page 122, M. de Marcheval avait constaté en 1776, dans cette Province, une diminution d'*un sixième* au moins sur le nombre des maîtres Tanneurs, de *trois cinquièmes* sur les ouvriers, d'environ moitié sur la fabrication.

Il n'y a point de raison de croire qu'elle ait repris depuis une plus grande prospérité par la surcharge des huit nouveaux sols pour livre.

On n'a au dossier aucun renseignement particulier sur les Généralités d'Amiens, de Lyon; de la Rochelle, de Moulins, d'Auch, de Montauban, de Champagne, de Caen, de Roussillon et de Hainaut.

———————

La Régie a fourni un état général des produits bruts et nets des droits de marque des cuirs, Province par Province.

Cet état est conforme à celui remis à M. *de Calonne,* pour les années 1765, 1767, 1768, 1769, 1770 et 1771. Il présente pour les autres années quelques légères différences, dont on va donner le tableau.

Produits bruts en principal.

ANNÉES.	SELON L'ANCIEN ÉTAT.	SELON LE NOUVEAU.
1760	2,787,719.	2,843,667.
1761	2,865,313.	2,834,388.
1762	2,886,464.	2,826,922.
1763	3,136,263.	3,103,256.
1764	3,213,718.	3,076,051.
1766	3,009,557.	3,008,538.
1772	2,903,004.	2,899,975.
1773	3,359,566.	3,357,653.
1774	2,631,791.	2,634,336.

On s'en rapportera, pour les calculs qui suivront, au dernier état, parce qu'étant plus détaillé, on le suppose plus correct.

Et l'on examinera, d'après lui, les produits du droit de fabrication, qui sont toujours inférieurs au produit brut principal, de toute la valeur que les droits sur l'importation y ajoutent.

En consultant le dernier état donné par la Régie, on verra que le produit brut du droit de fabrication a été en diminuant depuis l'année 1764 jusqu'en 1771, de 3,042,693 liv. à 2,577,864 liv.

Qu'il s'est ensuite relevé progressivement jusqu'en 1777, qui a été l'année de la plus forte perception, et dans laquelle le produit du droit de fabrication s'est élevé jusqu'à 3,883,169 liv.

Qu'il est ensuite retombé progressivement encore jusqu'en 1784, qu'il n'a été que de 3,680,101 liv.

Qu'il est enfin remonté, en 1785, à 3,803,209 liv.

Et en 1786, à 3,861,615 liv., encore au-dessous néanmoins de ce qu'il était en 1777.

Que les fraix de Régie, restitutions, indemnités, dépenses de toute espèce relatives à la perception, ont été en augmentant jusqu'en 1773 et 1774, qu'ils se sont montés, savoir, pour l'année 1773, à 1,243,375 liv.

Et pour les neuf premiers mois de 1774, à 947,711 liv.

Qu'en 1774, la réunion à la Régie du droit de marque des cuirs, de celle du droit de marc d'or et d'argent, du droit de marque des fers, des droits sur les suifs et sur l'amidon, et des droits d'Inspecteurs aux boucheries, ont diminué d'environ un cinquième, la portion des fraix imputables au droit de marque des cuirs.

Qu'en 1777, la réunion de ces mêmes Régies à celle des droits réservés, des octrois municipaux, des aides et des droits sur les cartes, entre les mains de la Régie générale, a encore diminué la proportion des fraix de Régie, qui ne sont plus, selon les tableaux qu'on en donne, que d'environ 660,000 liv., y compris les restitutions à la sortie, qui se montent ordinairement à 200,000 liv.

Il est vrai que l'on peut juger que la Régie estime ici trop bas les fraix de perception.

On trouve dans le Mémoire qu'elle avait remis à M. *de Calonne*, en 1786, que depuis dix ans elle n'avait point appuré le compte de ces fraix.

M. *Necker* calculant la proportion dans laquelle la totalité de ceux de la Régie générale sont à ses produits, les a évalués, dans son livre de l'Administration des Finances, à 17 et demi pour cent.

La Régie ne les estime dans les pays d'aides, où ils reçoivent le plus de secours des autres perceptions, qu'à *deux sous dix deniers* pour livre du principal, ce qui ne fait qu'environ *neuf* pour *cent* de la totalité de la recette, et elle les évalue à peu-près à un tiers de moins en proportion dans les pays d'États où les aides n'ont point cours, ce qui est encore moins vraisemblable.

Il faudrait un travail long et difficile avec l'Administration intérieure de la Régie, pour savoir ce qu'on pourra effectivement épargner sur ces fraix, si l'on supprime le droit de marque des cuirs, et ce travail ne pourra être fait avec une véritable lumière qu'après que la suppression sera consommée.

Quant aux inductions que l'on pourrait tirer des calculs de la Régie, sur l'étendue de la fabrication, nous avons fait voir dans tout le cours de cet Ouvrage, que la facilité d'augmenter les produits en redoublant la rigueur des perceptions, rend illusoires toutes les conséquences qu'on voudrait inférer de la plus ou moins forte recette.

Un fait recueilli par les États de Provence, et qui se trouve rapporté dans leur Mémoire, pages 4 et 5, ainsi que dans le tableau N.º 4, qu'ils y ont joint, montre que quand on adopterait tous les calculs de la Régie, ils prouveraient contre elle la diminution au lieu de prouver l'augmentation de la fabrication des cuirs et autres peaux.

« En 1760, rapportent les États de Provence, dans le cours de neuf mois, on a perçu à Brignolles, sur 23,585 peaux de bœufs et de vaches, 16,636 liv. 18 s. »

Ces droits sont sur le pied de la supposition de sept livres et un huitième pour le poids commun de chaque peau de bœuf ou de vache, ou du quart de ce qu'on aurait perçu aujourd'hui en principal.

De 1763 à 1764, la recette, sur 17,040 peaux et demie de la même espèce, a été de 39,780 liv.

Cette perception était sur le pied de la

supposition de vingt-trois livres pour le poids
commun de chaque peau. La proportion de
l'impôt était plus que triplée, la recette était
plus que doublée. Et la fabrication était plus
faible d'un quart, dans l'année entière, qu'elle
ne l'avait été quatre ans auparavant, en neuf
mois. Elle était baissée dans la proportion de
neuf seizièmes.

Aujourd'hui la perception est sur le pied
du poids commun de trente livres par cuir.
Elle est donc en principal de sept trentièmes
au total, ou de *sept vingt-troisièmes* en sus
de ce qu'elle était en 1764.

Mais alors le produit brut du droit de fabrication était de............ 3,042,663 l.

Or les sept vingt-troisièmes de
cette somme sont............ 926,016

Le total de ce que le droit eût
rendu à cette époque, si la perception eût été sur le même pied
qu'aujourd'hui, se serait donc
monté à.................... 3,968,649

Si la fabrication n'avait pas diminué, les rigueurs de la perception supposées n'être que
les mêmes, quoiqu'il soit prouvé
qu'elles sont fort accrues par la
loi de 1772, et par les ordres sévères que la Régie a opposés au
tort que l'établissement des sols
pour livre devait lui faire subir,

Ce que devaient être

le produit brut actuel du principal du droit de fabrication, devrait donc être de la même somme de.............. ...... 3,968,649 l.

Voyons ce qu'il a été dans les neuf dernières années :

RÉGIE DE CLAVEL.

année d'octobre 1777 à octobre 1778.............. 3,721,909.

année d'octobre 1778 à octobre 1779.............. 3,609,201

année d'octobre 1779 à octobre 1780.............. 3,649,86

Première prorogation de la Régie de Clavel.

année d'octobre 1780 au 1er janvier 1782. 4,757,579 année de 15 mois, dont les quatre-cinquièmes, pour 12 mois, sont ci.... 3,806,063

année de janvier 1782 à janvier 1783..... 3,772,565

année de janvier 1783 à janvier 1784...... 3,765,483

année de janvier 1784 à janvier 1785...... 3,680,101

année de janvier 1785 à janvier 1786........ 3,803,209

année de janvier 1786 à janvier 1787..... 3,861,615

Année moyenne, 3,741,012

Et l'on doit remarquer que le produit des deux années dernières a été relevé par l'effet malheureux de la sécheresse de 1784 et 1785, qui a forcé de tuer une quantité énorme de bestiaux, et qui a ainsi donné passagèrement une grande augmentation à la fabrique des cuirs, au détriment de l'agriculture et de cette même fabrication pour les années suivantes.

L'année moyenne des sept précédentes, ne serait que de................ 3,714,898 l.

Et cette année moyenne ne serait pas encore un bon moyen de comparaison avec l'année 1764, car alors le droit n'était pas encore établi en Lorraine, où il a rendu, dans l'année moyenne des sept dont nous parlons 86,699

Si l'on excepte donc des états du produit actuel ce qu'a rendu la Lorraine, qui, en 1764, était exempte de la marque des cuirs, il ne restera pour l'année moyenne, du produit brut du droit de fabrication de la dernière époque, que.................... 3,628,199 au lieu de.................... 3,968,649 qu'une fabrication égale à celle qui avait lieu en 1764 devrait rendre, sur le pied où se perçoit aujourd'hui l'impôt, quand on n'en aggraverait le faix par aucune rigueur.

On pourrait encore observer qu'en 1764, il n'y avait que quinze mois que le droit de marque était établi en Franche-Comté, que sa perception n'y était pas parfaitement montée, qu'il n'y rendait qu'environ *quatre - vingt mille francs*, tandis que l'année moyenne des sept dont nous parlons, y en a rendu *cent trente-quatre mille ;* ce qui donnerait encore lieu à une déduction que nous passerons pour *mémoire*. . . . .

Mais ce que l'on ne peut passer ainsi, est le fait connu de tout consommateur de cuir, que la qualité et la durée étant baissées par l'appauvrissement des Tanneurs, et le moindre séjour des cuirs en fosse, la consommation a augmenté dans une proportion presque double, et qui, pour l'évaluer le plus favorablement, ne peut guères être considérée comme au-dessous d'un tiers, ce qui multipliant d'autant les occasions de perception, si la fabrique nationale eût pu y fournir, aurait dû augmenter au moins d'un tiers les produits bruts du droit de fabrication.

On voit qu'au contraire ils sont baissés d'*un neuvième*, malgré toute la rigueur des loix successivement augmentées, l'habileté progressive des Commis, la vigilance toujours accrue de la Régie, et la manière dont elle a forcé de moyens quand elle a vu que la recette diminuait et devait diminuer encore davantage. . . . .

Il serait donc clair, d'après les élémens même que la Régie a fournis, que la fabrication des cuirs est au moins des quatre neuvièmes au-dessous de ce qu'elle devrait être.

Mais sa décadence doit être regardée comme beaucoup plus grande, puisqu'il a été démontré de cent façons, que l'augmentation des produits n'a eu aucun rapport avec l'état de la fabrication, et puisqu'il est sensible que l'accroissement de rigueur qui a procuré cette augmentation n'a pu être qu'un surcroît progressif de calamité pour la fabrique.

Il n'est plus permis à personne de douter ni de cette calamité, ni de la nécessité d'y pourvoir.

On doit prévoir même qu'il n'y faut pas de simples palliatifs, mais des remèdes très-efficaces.

Nous allons, dans la partie suivante de ce *rapport,* ~~travail~~, discuter avec le soin le plus scrupuleux tous ceux qui ont été proposés. C'est le véritable objet du travail que le Ministre a bien voulu nous confier. Nous demandons pardon à sa juste impatience, des longs préliminaires que nous avons cru devoir établir avant de nous livrer à cette discussion.

Il n'en avait pas besoin pour être éclairé; mais il en avait besoin pour être puissant, pour qu'il dépendit réellement de lui de faire et de bi n faire l'opération qu'il se propose.

L'expérience nous a rendus prudens; nous

avons vu comment on échappe aux vérités les plus claires, lorsqu'elles ne semblent appuyées que sur la raison et sur la justice, et combien il est nécessaire de les étayer encore de la masse des faits qui en imposent bien davantage aux esprits vulgaires.

La multitude d'observations que nous avons rassemblées dans ce Rapport, n'ont d'autre but que d'établir irrésistiblement la nécessité de ne plus croire aux sophismes qui, jusqu'à présent, ont arrêté les bonnes intentions du Gouvernement, lorsqu'il a voulu réformer le droit de marque sur les cuirs.

C'est la quatrième fois qu'il daigne, à cet égard, nous charger des recherches et des discussions nécessaires. Nous avons cru, à chacune des trois autres, être sûrs du succès et avoir eu le bonheur de contribuer efficacement au soulagement du Peuple, à l'amélioration des finances, à la restauration d'une fabrique importante et d'un commerce considérable, aux progrès de l'agriculture, qui s'y trouvent essentiellement intéressés.

A chaque fois nous avons été trompés dans nos espérances; et le Gouvernement qui avait vu le bien, ou n'a pu le faire, ou a été retenu par les incertitudes dont on a eu l'art de l'entourer.

Nous n'avons pas voulu qu'il en restât une seule; et nous avons marché lentement, nous fatiguant nous-mêmes de notre lourde artillerie;

mais

mais dépostant pas à pas les préventions et les préjugés de tous les retranchemens que l'habileté fiscale avait eu soin de préparer pour eux.

L'expérience de tous les Ministres aux travaux desquels nous avons eu l'honneur de concourir, nous a montré qu'il ne leur avait pas suffi de voir ce qui était juste et convenable, et d'être dépositaires de l'autorité du Roi, lorsqu'il avait fallu se porter à des opérations qui pussent le moins du monde être désagréables aux grandes Compagnies de finance.

Nous avons donc senti combien c'était un devoir impérieux pour nous, que celui de mettre le Ministre actuel à l'abri du même danger, en appuyant ses projets utiles de tout le poids de l'équité, de la raison, de l'intérêt public le plus manifeste.

Il est possible que des obstacles imprévus retardent encore l'exécution du grand acte de bienfaisance qu'il prépare, ou l'empêchent d'y porter toute la perfection qu'il desirerait; mais il faut que les États-généraux de la Nation qui vont s'assembler, puissent rendre justice à ses efforts. Il faut qu'il puisse leur dire : « Vous voyez que je n'ai rien négligé, que j'ai tout recherché, tout balancé, tout pesé ». Il faut qu'il jouisse de leur suffrage, si la commutation de l'impôt sur les cuirs est effectuée; et de la force que lui prêtera

13

leur vœu motivé, si toutes les difficultés ne sont pas applanies.

Très incertains d'ailleurs, si ce rapport n'est pas le dernier que nous devions avoir à mettre sous les yeux de l'Administration (3), nous avons voulu qu'elle y trouvât un véritable tribut de reconnaissance, de patience, de pénible labeur, de zèle, de respect et de véracité, et qu'elle pût, avec sûreté de conscience, dire à elle-même et aux autres : « Cette affaire est suffisamment approfondie, elle a été soigneusement traitée sous toutes ses faces, par un homme de bien ».

_____

(3) Le Rapporteur était alors en disgrace. Il ne restait dans le ministère que M. *de Malesherbes*, M. *de Fourqueux*, et M. *Lambert*, qui lui conservassent de l'amitié. Aucun des trois n'avait de puissance.

L'Archevêque de Sens, premier Ministre, le persécutait ouvertement. Ce Prélat ne pouvait lui pardonner d'avoir rédigé la plupart des projets présentés aux Notables : celui de la formation, de l'organisation générale des Assemblées provinciales et de la répartition de l'impôt qui s'y trouvait jointe ; ceux de la suppression des Gabelles, des Corvées, des Péages et des Douanes intérieures ; celui des Remboursemens progressifs ; celui sur-tout de la Contribution territoriale, reglée sur le revenu et payée dans la même proportion par le Peuple, la Noblesse et le Clergé.

Il aurait été exilé, si à la première ouverture que le Ministre en fit au Roi, ce Prince juste et vertueux n'eût répondu : *c'est un honnête homme.*

CINQUIÈME ET DERNIÈRE PARTIE.

EXAMEN *des divers Projets proposés pour suppléer au Droit de marque sur les cuirs.*

C'EST un point convenu que le droit de marque des cuirs, et les formes litigieuses de sa perception, ne peuvent subsister.

Mais l'état des finances ne paraît pas permettre d'en sacrifier le produit, même aux plus grandes vues d'utilité publique. Il faut donc y chercher un remplacement.

De ces deux points long-tems contestés, actuellement bien reconnus, il est résulté une différence assez remarquable entre les propositions faites au Gouvernement à ce sujet, il y a treize ans, il y en a dix, et même il y en a deux, et celles qu'il reçoit aujourd'hui.

Tant qu'on a cru que la Régie pourrait défendre l'existence et la forme du droit de marque sans y rien changer, les Tanneurs seuls et les Écrivains politiques ont donné des projets.

Mais aujourd'hui que l'on commence à croire à la certitude d'un changement, les spéculations particulières se multiplient, les petites Compagnies de finance, et de simples faiseurs de projets, se remuent pour trouver dans ce changement des moyens de fortune privée, des affaires, des intérêts à donner, à recevoir, en faisant fonds, sans faire fonds, des occasions de soudoyer des protecteurs, d'appaiser des créanciers, d'en former d'autres; et le Ministre est assiégé de propositions de baux, de régies, d'avances, d'augmentation de produits, que présentent des Calculateurs, et d'autres aussi qui n'ont pu calculer.

L'aigle va lâcher sa proie : les vautours, les corbeaux et les insectes se préparent à la ramasser demi-mourante. Mais c'est pour la rendre à la vie qu'un Ministère bienfaisant veut la délivrer.

Ce premier aspect devrait peut-être suffire pour dispenser d'un long détail sur ceux des projets présentés au Gouvernement, dont on fait actuellement le plus de bruit; et pour se borner à chercher dans la nature des choses, dans la raison, dans l'intérêt bien entendu du peuple et des finances, les moyens de procurer au Roi le revenu dont la suppression du droit de marque des cuirs le privera, et que ce bienfait, d'une part, et les besoins publics de l'autre, lui donnent le droit de réclamer.

Cependant, puisque ce sont précisément ces projets dont on est chargé de rendre compte, il devient nécessaire de les examiner avant de rechercher comment on pourrait mieux faire.

On partagera en trois subdivisions les propositions qui ont été mises sous les yeux du Gouvernement.

La première, comprendra celles qui sont anciennes, vagues, et auxquelles aucune Compagnie ne s'intéresse.

La seconde, celles qui sont appuyées par des Compagnie plus ou moins puissantes.

La troisième, celles entre lesquelles le Ministère peut avoir véritablement à choisir.

PROPOSITIONS

Faites par différens Corps de Tanneurs.

N.º 1.er

Mémoire des Tanneurs d'Orléans.

Renvoyé au Rapporteur le 31 mars de cette année.

Les Tanneurs d'Orléans proposent dans ce Mémoire, très-court et très-simple :

Que le droit sur les cuirs soit imposé sur la totalité du Royaume, sans aucune exception de villes privilégiées, ni aucun autre abonnement que l'imposition elle-même, qui serait générale.

Ils disent que la répartition de cet impôt sur les Tanneries ne serait pas difficile ; qu'elles sont rassemblées en petit nombre dans les lieux qui leur fournissent l'eau, et où elles peuvent se procurer des écorces ; qu'il n'est point de commerce dont on puisse plus aisément estimer la valeur que celui des cuirs et autres peaux.

Que le renouvellement des marchés des abatis des Bouchers tous les ans, les magasins de cuirs en verd et de tan qui sont très-volumineux, le nombre des fosses, des cuves, des ouvriers et des moulins à tan, donnent de bons élémens de répartition; que les renseignemens pris à cet égard par les Commissions intermédiaires des Pays d'États, et des Assemblées Provinciales et de Département, et par les Assemblées Municipales, peuvent servir à graduer l'impôt par province, ensuite par villes et bourgs, et enfin sur chaque particulier.

Ils demandent, dans le cas où l'on prendrait ce parti, que le transit des cuirs en verd et fabriqués soit libre et exempt de droits, et que l'exportation des cuirs en verd et des écorces soit expressément défendue.

Ils croient que, lorsqu'on leur aura rendu la liberté de la fabrication, ils n'auront pas besoin de prime de restitution ou de faveur pour l'exportation de leurs cuirs.

On reviendra sur quelques vues de ce Mémoire, dans la troisième subdivision des propositions à examiner.

N.º 2.

Mémoire des Tanneurs, Chamoiseurs et Mégissiers de Niort.

Présenté, au mois de Mars dernier, au Bureau inter-médiaire de l'Assemblée Provinciale de Poitou, adressé ensuite à M. le Contrôleur-général, et renvoyé par lui au Rapporteur, le 24 avril.

Les Tanneurs et Chamoiseurs de Niort disent dans ce Mémoire, rédigé par M. *Main*, l'un d'entre eux, qui a beaucoup de lumières et de talent, que « quoiqu'il ne soit pas douteux que les abonnemens par Généralités et par Élections seront reçus avec joie lorsqu'il s'agira d'être débarrassés de la marque et des Réglemens », on ne doit cependant pas se « dissimuler que ces abonnemens feront naître des réclamations sur la quotité qui devra être payée par chaque particulier ; que tous diront qu'ils portent une trop grande part de l'abonnement », et qu'il faudra ou les imposer d'autorité, ou établir des formes et une surveillance pour rendre la répartition moins inégale.

Ils regardent encore la solidarité, afin d'assurer au Roi la rentrée de son revenu, comme un motif d'inquiétude pour les Tanneurs.

Enfin les abonnemens ne leur paraissent « qu'un palliatif à un mal qu'il faudrait extirper entièrement ». Ils proposent d'y suppléer un impôt par tête de bestiaux, payable aux boucheries, sur le pied de *quatre francs* par bœufs, *quarante sols* par vache, *cinq sols* par veau, *six sols* par chèvre, *un sol six deniers* par mouton, et *neuf deniers* par agneau ou chevreau.

Quoique cet impôt soit sur le pied d'*un neuvième* de moins par bœuf et par vache, d'*un tiers* de moins par veau, d'*un quart* de moins par chèvre, et *de moitié* moins par mouton que celui qui a lieu actuellement, et qu'il y eût encore quelque chose à perdre par l'exemption de droits sur les peaux de chevaux, d'ânes et de mulets, sur ceux des animaux tués dans les campagnes, et sur les cuirs en verd et en poil importés dans le Royaume : les Tanneurs et Chamoiseurs de Niort croient que cette diminution de droits serait compensée au profit du Roi par la diminution des frais de Régie, par le produit que rendraient aux boucheries les peaux de mouton et d'agneau, actuellement employées en fourrure sans payer de droits, et par la plus grande difficulté aux Employés de détourner le produit d'un impôt payé dans les marchés publics sur chaque tête de bétail, tandis qu'il leur est si facile de s'approprier aujourd'hui une partie du produit de celui dont la perception n'est déterminée que par des pesées, qui se font dans l'intérieur des maisons, entre les Employés et les Contribuables.

Cette considération et celle, dont ne parlent point les Tanneurs et Chamoiseurs de Niort, que le Roi faisant par sa Maison et son armée une immense consommation de cuir, sur laquelle il faut qu'il rembourse, non-seulement l'impôt qui a été payé à la Régie, mais encore la compensation de toutes les vexations qu'elle a fait essuyer aux Fabricans, porte à croire que le principe du calcul présenté à l'Assemblée intermédiaire du Poitou n'est pas erroné.

On remarque seulement qu'il aurait semblé plus raisonnable de diminuer les droits dans une proportion régulière, telle, par exemple, que celle d'*un neuvième* proposée pour les bœufs et pour les vaches.

Les Auteurs de ce Mémoire, en proposant de faire une diminution beaucoup plus considérable, et jusqu'à *moitié* de l'impôt actuel sur les petites peaux qui s'emploient en *chamoiserie*, se sont exposés à faire remarquer qu'ils sont principalement *Chamoiseurs.* Le commerce de la Chamoiserie a certainement beaucoup souffert; sa décadence néanmoins n'est pas aussi sensible que celle de la Tannerie: c'est ce qu'on a pu voir dans la troisième et la quatrième partie de ce Rapport, et ce qui tient peut-être à ce que n'exigeant pas d'aussi grandes avances, la Chamoiserie a pu être continuée par de plus faibles capitalistes. Mais ce n'est pas une raison pour lui donner, au préjudice de la Tannerie, une faveur particulière. Il est plus conforme aux principes du Gouvernement et à ceux de la raison, de suivre autant qu'il sera possible les règles d'une impartiale égalité.

Les Tanneurs et Chamoiseurs de Niort, disent que l'impôt qu'ils proposent par tête de bétail, n'occasionnerait aucun renchérissement dans le prix de la viande, puisque les Bouchers ne seraient pas même obligés d'en faire l'avance, d'autant qu'il est notoire qu'ils vendent leurs peaux au comptant, et que la plupart même reçoivent des avances des Tanneurs, Chamoiseurs, Hongroyeurs et Mégissiers, « qui accepteront l'enchère d'autant plus volontiers, qu'ils ne seront plus à la discrétion de la Régie, que les ouvriers ne perdront plus leur tems pour les visites et les pesées, et que la sécurité et la liberté donneront les moyens de perfectionner la fabrication ».

Ils ajoutent que si les Tanneurs, Chamoiseurs, Hongroyeurs et Mégissiers, ou autres apprètans cuirs, sont forcés, par la concurrence entr'eux, de rembourser au Boucher l'impôt qui tiendra lieu de la marque, chacun d'eux concevra que ce remboursement sera moins onéreux pour lui que ce qu'il payait auparavant à la Régie ; et que si quelqu'un s'y voulait refuser, il manquerait d'approvisionnement et ne retomberait pas deux fois dans la même faute.

Ils remarquent encore que « les Bouchers n'ont pas les mêmes facilités que le Fabricant pour frauder les droits; qu'ils ne peuvent avoir qu'un petit nombre de bêtes à-la-fois, parce qu'un grand nombre leur coûterait trop à nourrir; qu'ils acquittent presque tous les droits de pied fourché et autres aux entrées des villes, et sont exercés (dans les villes et bourgs sujets aux droits d'Inspecteurs aux Boucheries); qu'ils ne peuvent tuer que pour leur consommation, qui est généralement connue; que d'ailleurs les animaux vivans ou morts font volume et sont faciles à découvrir; qu'il est donc clair que les produits de l'impôt assis sur les Boucheries, ne peuvent être détournés » aussi aisement, et ne sont pas sujets à autant de contestation que celui du droit de marque des cuirs chez les Tanneurs, Chamoiseurs, Mégissiers et Parcheminiers.

Ils disent enfin que l'exemption de droit sur les cuirs étrangers, verds ou en poil, ne leur donnerait pas un avantage réel sur les cuirs des abatis nationaux, parce que ces cuirs étrangers ne peuvent arriver dans le Royaume que chargés des dépenses du frêt, de l'assurance, du déchargement, de la commission, et des avaries que les vers, les rats et la pourriture y occasionnent dans les vaisseaux, de sorte que leur valeur est toujours très-inférieure à celle des cuirs et peaux provenans des Boucheries nationales.

Ils demandent qu'en adoptant ce régime pour les Tanneries et autres Fabriques de cuirs, on exempte de tous droits à la sortie des cuirs façonnés et ouvrages de cuir; ce qui est conforme à l'esprit du nouveau tarif, s'il n'est pas changé depuis que l'Auteur de ce Rapport en a eu connaissance.

On voit que le Mémoire des Tanneurs et Chamoiseurs de Niort présente, pour remplacement des droits de marque sur les cuirs, à peu-près le doublement du droit d'Inspecteur aux Boucheries.

Il faut remarquer, par rapport à ce droit, que tous ceux qui sont établis par tête de bétail, sont d'une mauvaise nature. Premièrement, en ce qu'ils portent avec inégalité sur les Contribuables, puisqu'il y a une énorme différence entre un bœuf de Normandie ou de Gascogne et un bœuf de Bretagne, de même qu'entre un mouton Flandrin et un mouton de Sologne.

Secondement, en ce que leur perception est fort coûteuse; qu'elle n'échappe point à la fraude, même dans les villes mûrées, et que dans celles qui sont ouvertes, et dans les banlieues et les bourgs, elles ne peuvent se faire que par une suite d'*exercices* ou de visites domiciliaires très-nuisibles à la liberté des Citoyens, très-litigieuses, et qui exigent une armée de Commis.

Cependant, on ne peut disconvenir qu'il

n'y a aucune comparaison entre les vexations qu'entraîne le droit d'Inspecteur aux Boucheries, et celles qui résultent du droit de marque des cuirs et que la fraude et la collusion ne soient beaucoup plus faciles pour le droit de marque, que pour celui d'Inspecteurs.

Si donc ce dernier était régulièrement établi dans tout le Royaume, l'avantage d'employer, presque sans augmentation de fraix, une Régie toute montée, porterait à croire qu'il faudrait s'en rapporter aux Assemblées Provinciales et aux Pays d'États, pour savoir ce qui leur paraîtrait mériter la préférence dans leurs provinces, d'une augmentation du droit d'Inspecteurs aux Boucheries, ou d'une autre imposition pour le remplacement du produit du droit de marque des cuirs.

Si les Assemblées Provinciales ou les Pays d'États préféraient le premier arrangement jusqu'au tems où le droit d'Inspecteur aux Boucheries, lui-même, serait supprimé pour faire place à une imposition plus simple, plus raisonnable, plus juste et plus régulière, la réforme du droit de marque trouverait deux difficultés de moins ; parce que, d'une part, on pourrait espérer que la Régie générale se prêterait d'elle-même à une opération qui ne retrancherait rien à la masse de sa recette, et ne lui donnerait, au contraire, qu'une occasion de diminuer la dépense de la quantité de Commis, qui sont uniquement employés aujourd'hui au droit de marque des cuirs ; et que de l'autre part, le Gouvernement ne serait pas dans la nécessité de décider si l'on peut, ou non, retirer à la Régie générale une branche de perception , sans rembourser aux Régisseurs une partie proportionnée de leurs fonds d'avance.

Mais tout ce projet d'arrangement porte en l'air, parce que les droits d'Inspecteurs aux Boucheries, quoiqu'établis nominalement dans tout le Royaume, ne se perçoivent, à la rigueur, que dans les provinces où les aides ont cours. Ils se perçoivent d'une manière mitigée par des abonnemens que la Régie fait avec les Bouchers de chaque lieu , en Dauphiné, en Roussillon, dans la Généralité de Metz, et dans les Élections de Guéret et d'Évaux, dépendantes de la Généralité de Moulins.

Dans le reste du Royaume, la perception n'a pas lieu ; les Pays d'États ont racheté ou abonné le droit. Les autres Provinces, qui ne sont ni pays d'États, ni pays d'aides, paient, sous le titre d'*abonnement,* une imposition qui se renouvelle et augmente un peu de sa quotité, à chaque fois que la Régie, renouvelant elle-même ses conventions, donne une nouvelle base de produits qui présente l'augmentation successive qu'on a toujours trouvé depuis ce siècle, dans les droits sur les consommations ; soit par l'effet de l'accroisse-

ment des travaux , des richesses et de la
population du Royaume ; soit par celui de
l'augmentation du numéraire et des billets
commerçables en circulation, qui font hausser la valeur nominale des productions et
des marchandises; soit par l'une et l'autre
causes réunies.

Cependant, malgré ces augmentations de
l'imposition représentative du droit d'Inspecteurs aux Boucheries, dans les Provinces où
les aides n'ont pas cours , ces Provinces sont
loin d'acquitter, pour ce droit, une somme
proportionnée à celle qu'ils coûtent aux Provinces d'aides ; car en faisant leurs abonnemens, on a estimé ce que l'on en pouvait
tirer de net, en retranchant de la perception
que l'on jugeait possible, toutes les dépenses
qu'il aurait fallu faire pour monter, relativement à ce seul objet, une Régie coûteuse.
Au lieu que dans les Provinces d'aides , où la
Régie est toute montée , et où ses Employés
sont chargés d'une multitude de perceptions,
il n'y a, sur le produit brut du droit rigou-
reusement levé, d'autre soustraction à faire
que sa part proportionnelle des frais de Régie,
qui s'appliquent en commun à une multitude
de branches de revenu.

Le droit d'Inspecteurs aux Boucheries ne
pourrait donc pas servir de base, dans tout
le Royaume, à l'imposition de remplacement
du droit de marque sur les cuirs. Les Pro-

vinces qui ne le paient que par abonnement, ne seraient point taxées dans une juste proportion avec les Provinces d'aides, si l'on se contentait de doubler leurs abonnemens. Et si on voulait, pour remplacement du droit de marque des cuirs, y établir l'espèce de police qu'exige le droit d'Inspecteurs aux Boucheries, on y trouverait les mêmes difficultés qu'a rencontré l'établissement de ce droit : difficultés qui seraient même naturellement accrues, et par son doublement, et par la juste crainte qu'auraient les Provinces que leur abonnement cessât, et que le droit d'Inspecteurs aux Boucheries ne fût ensuite perçu lui-même à la rigueur, comme celui qu'on lui assimilerait pour le remplacement du droit de marque sur les cuirs.

N.° 3.

Mémoire des Tanneurs de la ville d'Aurillac.

Les Tanneurs d'Aurillac ont proposé, dans un Mémoire remis à l'Assemblée intermédiaire de la province d'Auvergne, que la valeur du droit de marque des cuirs, déduction faite des frais actuels de perception, soit répartie par chaque Communauté de Tanneurs ou autres préparateurs de cuirs, sur sés membres, en raison du travail plns ou moins fort de chacun d'eux ; et que le produit soit versé à des termes fixes, par le Syndic ou autre

autre Préposé, dans la caisse , soit du Receveur particulier , soit du Réceveur général
des finances.

Cette proposition revient à celle des Tanneurs d'Orléans.

Les Tanneurs d'Aurillac en font subsidiai-
rement une autre, qui serait d'ordonner que
les cuirs en poil ne pûssent être vendus que
sur les marchés publics, où se percevrait
une contribution proportionnée à ce qui se
paye actuellement sur le cuir fabriqué.

Cette proposition est inadmissible. La défense qu'elle emporterait d'acheter chez les
Bouchers , occasionnerait une fraude énorme,
et par conséquent une grande inégalité dans
la répartition , et une multitude de procès.

Il importe au Public et aux progrès de
l'Agriculture et du Commerce, d'éviter, autant qu'il est possible, les gênes et les faux-
frais dans les ventes et dans les achats. L'obligation de ne vendre qu'au marché entraîne
toujours des dépenses et des vexations qui
sont de véritables impôts sur le commerce ,
lesquels non-seulement ne rapportent rien au
fisc, mais diminuent sensiblement les revenus
de l'État , par l'obstacle qu'ils mettent à la
circulation et à la distribution des richesses,
aux travaux producteurs qui les multiplient,
aux conventions libres et utiles qui ne portent
préjudice aux droits de personne , et qui sont
toujours à l'avantage de la société.

14

Enfin, les Tanneurs d'Aurillac proposent un troisième moyen, qui est de mettre l'impôt sur les animaux vivans : ce qui rentre dans l'idée des Tanneurs et Chamoiseurs de Niort, qui vient d'être discutée.

N.° 4.

Mémoire de M. l'Hoste de Mandre, Tanneur à Charleville.

M. l'Hoste est un homme éclairé, qui a fait, au nom de sa Communauté, un Mémoire bien écrit, remis à l'Assemblée des Notables; mais où l'on ne trouve cependant que des faits connus et des vues générales.

On lui a demandé de développer ses idées sur la répartition de l'impôt destiné au remplacement des produits du droit de marque des cuirs.

Il a envoyé un projet très-compliqué.

Selon ce projet, le Royaume étant divisé en Provinces, les provinces en Districts, les Tanneurs et autres Fabricans de cuirs et peaux de chaque District, nommeraient entr'eux, au scrutin, et pour trois ans, trois Notables qui veilleraient à la répartition de l'imposition sur les cuirs dans leurs Districts, et à toutes les formalités de police qu'elle exigerait.

Ces Notables choisiraient, dans tous les Districts de la Province, trois autres Notables de leur profession, pour former le Bureau général de la Province; la durée de leurs fonctions serait également de trois ans.

A un jour nommé les trois Notables composant le Bureau général de chaque Province, se réuniraient à Paris avec les Notables de chaque Bureau général des autres Provinces, pour former un Bureau général qui représenterait la totalité du corps des Fabricans de cuirs et de peaux du Royaume.

Il serait défendu aux Bouchers de vendre des cuirs ou des peaux à d'autres qu'à des Tanneurs et Fabricans de cuirs.

Ces ventes devraient se faire par *acte notarié*, dont les fraix, taxés modérément, seraient à la charge du Fabricant. Les Notaires seraient tenus d'envoyer extrait des actes de vente au Bureau des Notables Tanneurs de leur District, sans mention du prix.

Indépendamment de la vente pardevant Notaire, à laquelle les Bouchers et les Tanneurs seraient astreints, on leur imposerait encore l'obligation de mener les cuirs verds à un *poids-le-Roi* établi en chaque lieu. Le Préposé du *poids-le-Roi* serait nommé par les Officiers Municipaux. Il inscrirait sur les registres les pesées, et en enverrait note au Bureau des Notables Tanneurs.

Chaque Tanneur ou Fabricant et chaque Boucher, serait tenu d'avoir un registre où seraient inscrits ses achats et ses ventes, et serait tenu d'envoyer déclaration des uns et des autres au Bureau des Notables Tanneurs de son District.

Les Marchands et Commissionnaires en cuirs étrangers seraient assujétis aux mêmes formalités.

Sur le relevé de tous ces actes, les Notables Tanneurs de chaque District rendraient compte au Bureau général de la Province, de l'étendue de la fabrication de leur District.

Ce Bureau général ferait en conséquence le tableau de la fabrication de la Province, pour mettre dans leur Assemblée générale à Paris, la totalité des Représentans des Provinces à portée de faire la répartition entre elles.

Les Bouchers seraient tenus, en outre, de faire déclaration des bestiaux qu'ils abatraient, et l'emploi des cuirs devrait être justifié par la concordance de ces déclarations avec les contrats de vente.

Cette multitude de déclarations auraient pour objet, que toutes les pièces relatives aux achats et aux ventes se contrôllassent l'une et l'autre.

En cas de collusion entre un Tanneur et un Boucher, pour dissimuler la quantité de cuirs verds vendus par l'un, achetés par l'autre, ils seraient condamnés, pour la première fois, solidairement en *mille livres* d'amende.

Si le Boucher avait fait sa déclaration sans que le Tanneur eût fait la sienne, l'amende entière porterait sur le Tanneur; si au contraire c'était le Tanneur qui eût fait sa déclaration, tandis que le Boucher aurait omis d'en faire, le Boucher serait condamné en *deux cents livres* d'amende.

Les premières amendes et la note des jugemens qui les auraient prononcés, seraient seulement inscrites sur les registres du Bureau.

Dans le cas de récidive avec collusion, l'amende serait de *deux mille livres*, et le jugement serait affiché.

Pour la troisième collusion, il y aurait, outre l'amende, blâme, et interdiction de leur état pour le Tanneur et le Boucher.

S'ils ne pouvaient solder l'amende, ils seraient tenus de garder prison pour autant d'années qu'ils auraient de cent livres à acquitter.

Le tiers de l'amende serait pour les dénonciateurs, et les deux autres tiers seraient applicables aux fraix de perception et de répartition de la Province où ce délit aurait été commis.

Le surplus des fraix de perception et de répartition, ainsi que les fraix d'Assemblée de chaque Province, et de l'Assemblée générale de Paris, seraient répartis sur chaque Tanneur au marc la livre, de l'imposition générale, en raison de sa fabrication.

Les cuirs verds, secs, ou en poil, venant de l'étranger, seraient exempts de droits à l'entrée du Royaume, ou n'y acquitteraient qu'un sol par cuir.

Ils entreraient par acquit à caution, dont les Employés des fermes enverraient note au Bureau général, et qui devraient être déchargés au Bureau du district où les cuirs seraient mis en œuvre.

Il ne serait accordé, ni prime, ni restitution de droit à la sortie du Royaume, pour les cuirs fabriqués et ouvrages de cuir. Ils seraient seulement exempts de tous droits de sortie.

On voit que ce plan exige une terrible multiplication de pièces et d'écritures ; et, quoique l'auteur compte les faciliter, en employant des formulaires imprimés, il est difficile de ne pas s'appercevoir qu'il en résulterait bien des embarras, sur-tout pour les Bouchers, dont la plupart ne savent pas écrire.

On peut encore penser que ces précautions, quelque multipliées qu'elles soient, ne suffiraient pas pour empécher les Tanneurs et les Bouchers de soustraire une grande partie de leurs achats, à la connaissance des Bureaux de répartition.

Si l'on songe qu'il s'agirait, selon ce plan, de répartir une imposition de *quatre à cinq millions*, entre environ *dix mille* contribuables, on verra que la somme à fournir par chacun d'eux est si forte, et par consé-quent l'intérêt de la fraude si grand, qu'il y aurait de l'imprudence à croire qu'elle ne serait pas tentée très-fréquemment.

On pense donc que le plan de M. l'*Hoste* doit être regardé comme à peu près impraticable. Il est vrai qu'il a, en quelque façon, passé l'éponge sur ses propres propositions, en disant que les Notables Tanneurs, les Bureaux généraux des Provinces, et le Bureau général de Paris, seraient autorisés à proposer toute espèce d'amélioration qui leur paraîtrait convenable et utile dans ce plan.

N°. 5.

Mémoires de M. de Rubigny de Bertheval.

Il faudrait faire un nouvel ouvrage presque aussi long que celui qu'on vient de mettre sous les yeux du Ministère, si l'on voulait rendre un compte détaillé de tous les Mémoires de M. *de Rubigny*. Ce Tanneur actif a beaucoup contribué à soutenir le courage de ses confrères, à rassembler leurs réclamations, à fixer les yeux du Gouvernement sur les dangers et les abus du droit de marque des cuirs. Il a eu part à un grand nombre des écrits qui ont été publiés sur cette matière, et particulièrement à ceux qui ont paru dans les Éphémérides du Citoyen. Il n'y a pas un projet de remplacement qui n'ait eu son tour et trouvé sa place dans ses nombreux Mémoires : abonnement général ; abonnement particulier ; droits sur les bestiaux ; droits

sur les boucheries ; droits à l'entrée des villes ;
capitation ; impôt sur les prairies : il a successivement adopté et trouvé bon tout ce qui a
été proposé, et tout ce qui ne serait pas le
droit de marque des cuirs. Mais on ne peut
pas dire qu'aucune de ces idées lui appartiennent plus particulièrement qu'à un autre.
Il n'a d'ailleurs développé aucune d'elles. Ses
Mémoires, utiles à consulter, contiennent
beaucoup de faits, beaucoup de vues, beaucoup
de chaleur et de résolution, et au fonds point
de projets. On doit cependant remarquer qu'il
n'a jamais pensé, comme la plupart des autres,
qu'il suffirait d'ôter la vexation ; qu'il a toujours
soutenu que l'impôt en lui-même était trop
lourd ; qu'il est à peu-près le seul aussi qui
ait songé que, dans les abonnemens qui pourraient être faits, il faudrait avoir égard à
l'époque de la cessation des sols pour livre.

PROPOSITIONS

Faites par des Compagnies.

N.º 1.er

Propositions de la Compagnie de Leval.

La plus puissante et la plus accréditée des
deux Compagnies qui se présentent, pour
traiter de l'impôt sur les cuirs avec le Gouvernement, est celle connue sous le nom de
Leval. Elle a fait deux soumissions. Par la
première, en date du 18 décembre 1787, ren-

voyée au Rapporteur le 18 février 1788, elle a proposé de verser net au Trésor Royal, la *même somme que la Régie perçoit brut,* sur la fabrication et le Commerce des cuirs. Par la seconde, renvoyée le 28 février, elle offre le *produit net* que verse actuellement la Régie au Trésor Royal, avec une augmentation de *cinq cent mille francs.*

Dans l'une et l'autre soumission, elle offre une avance de *quatre millions, à cinq pour cent d'intérêt,* et qui ne lui seront remboursés que dans les deux dernières années de son bail.

Par ces deux soumissions, elle demande ce bail pour douze années, et à être autorisée à faire la perception par forme d'abonnement, sauf à la continuer ou rétablir, en la manière accoutumée, sur les Tanneurs qui se refuseraient à l'abonnement.

Elle prend les frais de perception à sa charge.

Monsieur le Contrôleur-général a demandé à cette Compagnie, de lui développer, ainsi qu'au Rapporteur, les moyens qu'elle compte employer, les motifs qu'elle a d'y supposer un profit assuré pour elle-même, et les avantages qui lui paraissent devoir en résulter pour la fabrication et le commerce des cuirs.

Pour se conformer à cet ordre, elle a remis au Ministre, le 5 avril, le 29 mai, et le

31 du même mois, trois Mémoires, et dans le courant de juin, au Rapporteur, trois autres, dont on va réunir ici les propositions, les plans et les raisonnemens.

La Compagnie commence par tâcher d'établir que l'impôt n'est pas excessif en lui-même; mais seulement par la forme de la perception, et par l'inégalité de la répartition qui résulte de la fraude.

La Compagnie se trompe. Un impôt dont la bâse est sur le pied de *dix pour cent*, et que les sols pour livre portent à *quinze*, sur un objet quelconque de Manufacture ou de Commerce, est manifestement *excessif en lui-même*.

Il n'y aurait que la plus grossière ignorance qui pourrait estimer le profit d'un Fabricant, par la valeur de sa marchandise. Cette valeur est composée, 1.º des matières premières qu'il a employées; 2.º des journées qu'il a payées; 3.º du loyer des bâtimens qu'il a occupés, ou d'une indemnité proportionnée aux dépenses de leur construction; 4.º d'une autre indemnité proportionnée à la dépense des machines dont il fait usage; 5.º du salaire de son propre travail; 6.º enfin de l'intérêt des capitaux qu'il a été obligé d'avancer.

Le prix auquel le salaire de l'Entrepreneur est payé, réuni au taux auquel il touche l'intérêt de son capital, sont ce qu'on appelle vulgairement *son profit*.

Ce profit ne fait jamais que la moindre partie de la valeur de la marchandise. On l'estime ordinairement à *un dixième* de cette valeur, ou à *dix pour cent* pour la marchandise dont le débit et la solde ont lieu dans le cours d'une année ; et de cette estimation, la moitié est regardée comme le salaire de l'Entrepreneur, et l'autre comme l'intérêt de son capital. C'est le taux d'après lequel marchent à peu-près toutes les Fabriques et tous les Commerces ; et s'il devient plus faible pour quelques-uns d'entr'eux, cette Fabrique ou ce Commerce sont abandonnés. Car en ce cas, ou les Entrepreneurs ne retrouvent pas le salaire de leur travail, ou ils perdent sur l'intérêt de leur argent, et ils préfèrent naturellement alors de s'occuper à un travail plus lucratif, ou de faire de leur argent un placement plus avantageux.

Le profit doit faire une plus forte partie de la valeur de la marchandise dans les espèces qui demandent un plus long travail, un plus long emploi des capitaux, et dont le débit et la solde ne peuvent être effectués qu'en plusieurs années. Tels sont les cuirs qui, du jour où le Tanneur les achète en verd, et se procure les écorces ou autres matières pour leur préparation, ne peuvent guères exiger moins de deux ans.

Il est nécessaire, dans une marchandise de cette espèce, que le profit du Fabricant forme un cinquième de la valeur , puisqu'il doit y retrouver deux années de l'intérêt de son capital , et deux années de son salaire.

Un Tanneur qui gagne *vingt pour cent* sur ses cuirs , ne fait donc précisément que le même profit qu'un Fabricant de toile , qui gagne *dix pour cent* sur sa toile.

Si la préparation et le débit de ses cuirs occupent trois ans , il faut que la portion de leur valeur, qui doit payer son salaire et l'intérêt de son argent , soit d'un tiers du prix , ou d'environ trente pour cent; et sur ce pied encore , son métier n'est en rien meilleur que celui du Fabricant de toile , que l'on suppose gagner dix pour cent ; mais il le continuera, parce que l'éducation de son enfance , les liaisons de sa famille , et l'espèce de capacité qu'il a pu acquérir le rendent plus propre à être Tanneur qu'à faire un autre métier.

Il y a lieu de croire que tel était l'état de la Tannerie, lorsque le droit de marque a été établi. Alors les deux tiers du prix de la marchandise étaient composés de celui des matières employées à sa fabrication , des loyers des bâtimens, et des gages des ouvriers; l'autre tiers formait, sur un pied modéré et réglé par la concurrence , le salaire de l'Entrepreneur , et l'intérêt de son capital, pendant environ trois années.

Lorsque, dans cette position , on a établi

le droit de marque sur le pied de *dix pour cent* de la valeur du cuir, il a donc été précisément de *trente pour cent* de la portion de cette valeur destinée à payer le salaire de l'Entrepreneur, et l'intérêt de ses avances : et lorsque cet impôt a été élevé par les sols pour livre à *quinze pour cent* de la valeur totale du cuir, il a été véritablement sur le pied de *cinquante pour cent* du profit.

La fabrication des cuirs s'est trouvée établie comme une *ferme, à moitié* entre le Roi et les Tanneurs. Le Roi s'est emparé de la moitié du salaire de leur travail, et de la moitié de l'intérêt de leur argent. On ne peut pas dire qu'un tel impôt ne soit pas *excessif en lui-même.*

Sans doute la forme de sa perception, et les vexations qui en sont résultées en ont encore beaucoup aggravé le fardeau. Elles auraient absorbé la totalité du salaire des Entrepreneurs et de l'intérêt des capitaux, nécessaire au soutien des Tanneries, sans la fraude qui en a sauvé une partie. Mais il ne faut pas en conclure que l'impôt, dut-il être réduit par la suppression de la fraude, par l'égalité de la répartition, et par la cessation des formes litigieuses et vexatoires à *vingt-cinq pour cent,* du salaire des Tanneurs et de l'intérêt de leurs capitaux, ne fût pas dans une proportion excessive et totalement déraisonnable, et que l'on pût regarder cette réduction comme suffisante pour remettre le Commerce et la fabrication des cuirs au niveau des autres fabrications et des autres Commerces.

Ces observations sont bien loin de nous écarter de notre sujet. Elles nous ramènent à la proposition fondamentale du projet de la Compagnie de Leval : proposition qu'elle n'a présentée que comme incidente.

Cette Compagnie dit que des abonnemens réglés, en raison de l'ancienne contribution de chaque Province, maintiendraient l'inégalité de la contribution, en faisant profiter de leur fraude passée les Provinces où il y a eu plus de fraudeurs. Ses associés demandent, en conséquence, de pouvoir augmenter, selon l'un de leurs Mémoires, *de douze à quinze pour cent*, et selon un autre de *quinze à vingt pour cent* en sus de ce qu'elles ont précédemment payé de brut à la Régie, l'abonnement des Provinces où il y a eu le plus de fraude.

On a demandé aux principaux membres de cette Compagnie, comment ils pourraient connaître les Provinces où l'on a fait le plus de fraude ?

Ils ont répondu, que ce serait par les Directeurs et les Employés de la Régie.

On leur a repliqué que la fraude n'ayant pu se faire que par le concours des Employés, quoiqu'elle pût leur être très-connue, il était

Impossible qu'ils donnâssent à son sujet des renseignemens : et l'on a remarqué que s'il y avait moyen de savoir, par les documens qui sont entre les mains de la Régie, quelles sont les Provinces qui fraudent le plus, la Régie, qui a le plus grand intérêt d'y pourvoir, ne manquerait pas de réprimer cette fraude pour augmenter sa recette.

Les membres de la Compagnie de Leval, avec qui l'on a été en conférence, n'ont point fait de réponse satisfaisante à cette observation ; ils ont seulement ajouté à la suite de l'un des Mémoires remis au Gouvernement, la note que l'on va transcrire :

« Indépendamment des moyens que l'on aura pour connaître les Provinces adonnées à la fraude, on peut établir une règle qui paraît juste, pour *imposer la légère augmentation qui doit produire les* CINQ CENTS MILLE LIVRES *destinées au Gouvernement*, c'est d'en exempter seulement les Provinces qui ont réellement souffert, et dont les réclamations ont été reconnues fondées, et de la faire supporter par celles qui ont prospéré ou qui se sont bien soutenues ; soit par la fraude ou par des avantages locaux ».

Que faut-il donc conclure du moyen qu'elle propose pour produire les *cinq cents mille livres* destinées au Gouvernement ? C'est qu'elle compte imposer sur quelques provinces une légère augmentation, depuis douze jusqu'à vingt pour cent de leur contribution actuelle, qui pourra se réduire à dix pour cent, ou à deux nouveaux sols pour livre de la contribution de tout le Royaume: laquelle contribution montant brut, selon les calculs de la Régie, à *cinq millions cinq cent soixante-quinze mille livres*, le dixième de cette somme pourra effectivement fournir au Gouvernement *cinq cent mille francs* d'augmentation de produit, et laisser à la Compagnie, indépendamment de l'économie sur les fraix de Régie, *soixante - quinze mille francs* pour assurance des non-valeurs dont son bail garantit le Gouvernement.

Le projet de la Compagnie de Leval se réduit donc à percevoir l'imposition actuelle avec un dixième d'augmentation, en perfectionnant la répartition et soulageant la Fabrique de la plupart des formes les plus litigieuses et les plus vexatoires de l'imposition actuelle.

Il n'y a pas de doute que l'abolition de la plupart des formes litigieuses et vexatoires ne fût un grand bien, c'est-à dire une grande diminution de mal pour la fabrique.

Il n'y a pas de mérite a offrir au Gouvernement *cinq cents mille francs* d'augmentation de produit, que l'on imposera sur le peuple, *moyennant la légère augmentation qui sera nécessaire* sur les Provinces que l'on jugera qui ont le plus fraudé.

Il

Il peut y avoir quelqu'avantage particulier à *traiter* avec ces Provinces, pour leur faire supporter une moindre part de cette *légère augmentation*. Et comme il n'y en a aucune où il ne se soit commis de la fraude, il n'y en a aucune que l'on ne puisse menacer et même imposer avec une apparence de raison. Il n'y en a donc aucune avec qui l'on ne puisse transiger amiablement, ni qui puisse se plaindre dès qu'on ne passerait pas avec elle les *vingt* pour cent que la Compagnie aurait été autorisée à mettre en augmentation sur les Provinces qui lui paraîtraient le plus adonnées à la fraude.

Quant à l'économie des frais de Régie, la Compagnie a pris un parti fort raisonnable pour que sa Régie ne fût pas dispendieuse. C'est de ne pas s'en mêler du tout. « Il faudra, dit-elle, que tous les six mois, chaque Communauté envoye à M. l'Intendant l'état de la fabrication de chacun de ses membres avec leurs noms. M. l'Intendant ayant réuni le travail de toutes les Communautés, trouvera qu'elles auront fabriqué telle quantité de cuirs, et l'abonnement étant de trois cents mille livres (par exemple), il calculera aisément ce que chaque cuir devra payer ; il imposera lui-même chaque Fabricant qu'il trouvera dans l'état qui lui aura été envoyé, en raison de sa quotité de travail énoncé dans le même état. Il fera imprimer l'état général de la contribution de la Province, le fera passer à chaque Communauté, qui percevra elle-même le droit imposé, pour lequel elle sera solidaire, et le fera verser dans la caisse qu'on lui aura indiquée ».

M. l'Intendant servant de *Directeur Provincial* à la Compagnie, et les Communautés devant verser *net dans les caisses qui leur seront indiquées* la somme de leur contribution, il est clair que les fraix de Régie seront à peu près nuls pour la Compagnie.

Il est vrai que M. l'Intendant, ou plutôt que les Assemblées Provinciales et les Communautés qui en dépendent, pourraient faire exactement les mêmes opérations, et verser dans la caisse du Receveur général ou particulier des Finances, ou dans celle du Receveur de la Régie, ou même au Trésor royal, quand il n'y aurait aucune Compagnie de Fermiers.

La police, par laquelle la Compagnie de Leval compte assurer la justice de la répartition et la fidélité de la perception, se réduit à obliger les Tanneurs et autres Fabricans de cuirs et peaux, de déposer, tant chez le Juge du lieu, que chez le Syndic de leur Communauté, un double de leurs registres, où seront inscrits leurs achats, et ensuite la quantité de cuirs et peaux qu'ils auront fabriqués : de sorte qu'ils seraient taxés sur leur propre déclaration, de laquelle communica-

tion serait donnée à quiconque la voudrait
demander ; attribuant, à qui la pourrait trouver fautive et en donner la preuve, une
amende de *dix mille francs*, payable par
le Fabricant fraudeur, qui en outre perdrait
son état et ne pourrait le reprendre dans
aucune Province du Royaume, à peine de
punition corporelle.

On ne fera point de réflexions sur ce projet
de législation, de l'exécution duquel la Compagnie ne compte point se charger, en laissant le soin aux Communautés, que leur solidarité y rend intéressées.

A quoi se réduit donc le service que la
Compagnie de Leval se propose de rendre
au Gouvernement ?

1.° A garantir au Roi, pendant *douze ans*,
un revenu qui lui sera garanti à elle-même
par la solidarité des Communautés de chaque
Province, dans leur intérieur et entr'elles.

2.° A fournir au Trésor royal une augmentation de revenu de *cinq cents mille francs*,
qu'elle imposera sur les Provinces, selon
l'étendue de la fraude passée, qui est impossible à connaître, mais qui sera présumée,
de manière à donner à la Compagnie un profit
raisonnable, et à chacun de ses membres,
détaché pour négocier les abonnemens dans
une tournée des Provinces qui seront attribuées à son département, des avantages particuliers proportionnés à son intelligence.

3.º A. prêter quatre millions à cinq pour cent, dont le Gouvernement ne jouira pas s'il diminue proportionnellement les fonds d'avance des Régisseurs généraux ; mais dont il pourra jouir s'il tient ferme à ne rien rembourser à cette Compagnie, en retirant de sa Régie le droit de marque des cuirs.

4.º Enfin, à partager pendant douze ans, entre M. *de Leval* et ses Associés, qui, passé la première année de leur bail, n'auraient presque plus aucun travail, la valeur des frais actuels de Régie, et le profit qui pourrait être fait sur les abonnemens, sans parler davantage des accommodemens de la première tournée, dans laquelle les abonnemens devront être répartis et fixés.

Ce n'est point une affaire mal vue. Il est naturel qu'elle inspire de l'intérêt. Aussi le nombre des amis de M. *de Leval* est-il très-grand. Il en a de tout rang, de tout état, de tout sexe, de toute disposision, de tout degré de crédit. Il en a même, et ce sont les plus dangereux, dont le zèle n'est animé par aucune autre espèce de motif qu'un amour très-pur du bien public.

Ceux-ci voient la suppression de l'inquisition domiciliaire, des procès pour fausse marque et des accommodemens clandestins avec les Commis ; et ils ont tant entendu dire, avec tant de raison, que ces accessoires

du droit de marque sont plus funestes encore
que le droit lui-même, qu'ils regardent la
restauration de la Fabrique comme un évène-
ment indubitable, pourvu que le droit de
marque soit supprimé. Ils ne pensent point à
l'augmentation d'impôt, dont on n'a parlé qu'in-
cidemment, comme d'une petite condition
peu importante, dans quelques Mémoires particuliers, *pour le Ministre seul.* Ils sont donc
touchés des propositions d'une Compagnie qui,
disant avoir pour elle le vœu des Tanneurs,
promet à la fois l'accroissement du Commerce,
l'amélioration du revenu public, et l'avance
d'un fonds pour les besoins du moment. Ils
croient servir la Patrie dans tous les sens,
en pressant le Ministre d'accepter les offres
de cette Compagnie. Ils ne comprennent pas
comment on a pu hésiter.

C'est le respect que méritent leurs bonnes
intentions qui a fait, non pas hésiter, mais
rallentir ce rapport, pour lui donner une étendue qui montrât que ses conclusions n'ont
point été prises à la légère, ni sur de simples
apperçus. Si l'on se fût borné à dire en quatre
mots la vérité principale, elle n'eût pas été
soutenue par le poids des autres vérités auxquelles il fallait aussi songer; et il aurait été
à craindre que les deux Ministres ne fussent
entraînés, qu'ils n'eussent en quelque façon
la main forcée par une apparence de vœu
public, qui se serait démentie à l'instant où le

bail qu'ils auraient accordé pour le droit de marque des cuirs aurait été connu.

Ni eux, ni leurs coopérateurs n'auraient pu échapper au blâme et au regret, d'avoir, en lui enlevant quelques épines, assuré au fardeau qui accable actuellement la fabrication des cuirs, une stabilité et une durée que l'horreur révoltante de ses formes lui refuse aujourd'hui. La plupart des maladies incurables viennent de l'usage des *palliatifs.*

Il faut montrer de plus que ce *palliatif* même aurait été à quelques égards un *irritant,* que le ministère peut n'être pas dans le cas d'appliquer, qui répugnerait à ses vues, et qui lui préparerait des embarras sérieux.

La Compagnie de Leval demande un bail de douze années, pendant lequel elle devra fournir au Trésor Royal la somme nette qu'il retire aujourd'hui de la Régie du droit de marque des cuirs, et avec cinq cent mille francs en sus ; à la charge que les Tanneurs et autres Fabricans de cuirs et de peaux seront abonnés par Provinces et Communautés pour le même espace de douze ans, afin de payer pendant ces douze années *avec une légère augmentation de douze à vingt pour cent dans quelques Provinces,* les mêmes sommes que les Tanneurs de ces Provinces et Communautés ont payées à la Régie dans les trois ou dans les six dernières années, ou même dans l'année 1787.

Mais dans cette recette qu'a fait la Régie
depuis les époques indiquées, et qui, selon
le projet de la Compagnie de Leval, doit servir de base au nouveau bail, sont compris
les huit sols pour livre établis en 1781, et
qui, aux termes de l'édit de leur établissement, doivent cesser au dernier décembre
1790. Le bail que demande cette Compagnie
emporterait donc une prorogation de ces huit
sols pour livre pour dix ans ; or, ce serait-là
un de ces établissemens d'impôt qui ne pourrait se faire sans enregistrement, si les enre-
gistremens des Cours étaient encore regardés
comme valables à cet effet ; ou pour lesquels
le Roi a dit qu'il demanderait à l'avenir le
vœu de la Nation assemblée.

Les abonnemens proposés par la Compagnie
de *Leval,* auraient donc rencontré de grands
obstacles. Il eût fallu ou obtenir la prorogation des huit sols pour livre, ou baisser ces
abonnemens à la fin de l'année 1790.

La Compagnie, alors, en diminuant dans
cette proportion le prix du bail qu'elle aurait
à eu payer au Trésor Royal, aurait encore eu
à demander au Gouvernement des indemnités,
pour la non-jouissance des quatre quinzièmes
de la perception qui lui aurait été confiée, et
du bénéfice qu'elle aurait dû y faire.

Cette observation montre que le bail solli-
cité par la Compagnie de *Leval* ne pourrait
lui être passé aux conditions qu'elle a pro-

posées. Mais on croit que le Ministre juge à présent qu'il ne doit pas lui être passé du tout. Peut-être même croira-t-il qu'on doit être en général très-réservé à mettre en ferme, sur tout à longues années, aucune des branches d'impositions ou de droits qui n'y sont point encore, et à s'ôter ainsi la liberté, à enlever au peuple l'espoir des adoucissemens, des remises, des soulagemens, que les tems, les lieux, les circonstances, la bonté du Roi, sa justice, ou les progrès des lumières peuvent exiger.

On n'a plus qu'une remarque à mettre sous les yeux du Ministère, relativement à l'offre de fonds d'avances faites par la Compagnie de *Leval ;* et cette remarque s'appliquera également aux offres pareilles faites par l'autre Compagnie, dont on va bientôt parler.

Ces promesses de fonds d'avance sont entièrement illusoires pour le Gouvernement ; elles ne sauraient rien ajouter à la masse des ressources qu'il peut attendre de son crédit.

La somme possible des emprunts est naturellement bornée par celle des capitaux à prêter. Si on emprunte un certain nombre de millions sous une certaine forme, ou d'un corps particulier, on trouve précisément cette même somme de moins à emprunter sous une autre forme, ou d'un autre corps. La différence d'intérêt peut donc être dans ce cas le seul attrait. Mais cette différence elle-même est

encore une illusion. Les Compagnies nouvelles, sur-tout si ce sont de petites Compagnies de gens peu connus, ne possèdent ordinairement pas un seul écu des fonds qu'elles
offrent. Elles ne peuvent les trouver que par
le moyen des Capitalistes qui les ont entre
les mains, et elles ne peuvent déterminer
ces Capitalistes qu'en leur proposant des
parts, ou des portions d'intérêt qui leur assurent un revenu, qu'il faut accroître en raison
du peu de confiance que les affaires nouvelles
inspirent.

En retirant ainsi une certaine somme de
capitaux de la circulation ordinaire, par l'offre
d'un profit exagéré, ces Compagnies non-
seulement ne procurent au Gouvernement
que les mêmes ressources qu'il aurait eues
sans elles, mais encore elles renchérissent
l'intérêt de l'argent, et lui font surpayer ainsi
toutes les autres ressources dont il peut avoir
besoin.

En tout, la marche des Gouvernemens doit
être noble et claire; ils doivent procéder par
la voie la plus courte.

Si l'État a besoin d'emprunter, il faut que
ce soit sur le crédit de l'Etat, et non sous
celui de tel ou tel particulier, de telle ou telle
Compagnie, dont l'entremise, toujours coûteuse, ne peut rien ajouter à son crédit réel.

Si l'Etat a besoin de revenu, il faut, de même,
que le Gouvernement expose et démontre ce

besoin, et que, d'accord avec la Nation, puisque le Roi a jugé que cela était nécessaire, il établisse ce revenu de la manière la plus simple, et qui en pourra rendre la perception la plus sûre et la moins coûteuse.

On a tant compliqué les affaires publiques, qu'elles paraissent demander aujourd'hui une grande habileté, et peut-être l'exigeront-elles aussi long-tems qu'on n'en changera point la forme. Cependant elles doivent être faites pour l'utilité de tout le monde : c'est pourquoi la Nature a voulu que leurs véritables principes fussent à la portée de tout le monde ; elle a voulu, que, pour les bien faire les moyens les plus puissans et les plus efficaces fussent la bonne-foi, la candeur et la loyauté, et que le plus grand embarras, l'écueil le plus dangereux, fussent les détours et la finesse.

Passons aux propositions de la seconde Compagnie, qui presse de son côté le Gouvernement de se déterminer pour elle.

N.º 2.

Propositions de la Compagnie de M. Brémond.

La Compagnie de M. *Brémond,* si tant est qu'elle existe, car il est douteux que M. *Brémond* ou aucune autre Compagnie que son intelligence et son courage, propose aussi une avance de *quatre millions* ou de *six millions*, ou une plus grande si on le juge convenable.

Elle irait, dit-elle, selon le nombre des branches de revenu que l'on voudrait cesser de percevoir par exercice, et dont on croirait pouvoir confier l'administration aux contribuables eux-mêmes, ou à leurs Députés et Représentans, jusqu'à rembourser la totalité des fonds de la Régie générale. M. *Brémond* compte, pour ces fonds d'avance, sur la maison *Girardot* et *Haller*; mais MM. *Girardot* et *Haller* n'ont point souscrit sa soumission ; quel que soit leur zèle, ils sont trop habiles pour négliger les intérêts de leurs associés, jusqu'à donner des sommes considérables à cinq pour cent, lorsque l'intérêt de l'argent fourni au Gouvernement se monte beaucoup plus haut, par le cours général de la place. Il leur faudrait un profit supérieur bien clair et bien constaté. Il faudrait donc trouver dans la chose même de quoi payer le surplus d'intérêt.

C'est ce dont M. *Brémond* ne paraît point encore s'être assuré. Quant au remboursement, il stipule qu'il sera fait par huitième, dans les huit dernières années du bail.

Relativement aux cuirs en particulier, cette Compagnie, par la soumission que M. *Brémond* a souscrite, dont M. le Contrôleur-général a envoyé copie au Rapporteur, le 9 juin dernier, propose, outre les *quatre mil-*

lions de fonds d'avance, de verser au Trésor Royal, pendant douze années, le même produit net que le Roi retire actuellement du droit de marque, avec *six cent mille francs* d'augmentation annuelle.

On voit que son objet a été de couvrir en tout les offres de la Compagnie de *Leval* par des offres plus séduisantes encore.

En effet, sa proposition serait beaucoup plus avantageuse au Peuple que celle de la Compagnie de *Leval*, car elle ne demande pas à imposer ces *six cent mille livres* en sus de ce qui est payé pour le droit actuel : il paraît qu'elle compte les trouver dans l'épargne des fraix de Régie. Elle estime que ceux qui ont lieu aujourd'hui se montent à *neuf cents mille francs*, et se flatte de n'employer que *cent mille écus* pour les dépenses de son Administration : elle ne se réserve rien pour profit de bail; ce qui porte à croire qu'il n'y a réellement point de Compagnie, et que M. *Brémond* n'a voulu qu'arrêter les efforts et le succès de la Compagnie de *Leval*, pour revenir ensuite à une Régie particulière, faite par les Tanneurs eux-mêmes, et dont il a aussi donné le projet.

Mais il pourrait y avoir quelque erreur dans le bénéfice qu'il compte trouver, pour la chose, sur les fraix de Régie.

La Régie générale n'a évalué qu'à un peu

moins de *six cent mille francs* la totalité de ses fraix relatifs au droit de marque des cuirs. Elle annonce même que, si ce droit est supprimé, il n'en résultera qu'une très-faible économie dans les dépenses de sa Régie, parce qu'elle sera obligée de conserver les mêmes Directeurs et les mêmes Employés, pour la perception des autres droits dont elle restera chargée.

Il est vraisemblable que c'est cette observation qui a déterminé M. *Brémond* à étendre ses vues, et à proposer de retirer des mains de la Régie générale tous les droits qui se perçoivent par exercice, au moins dans les Provinces où les Aides n'ont pas cours.

Cette proposition n'est point déraisonnable en elle-même. Il est certain que l'on pourra un jour la porter avec avantage plus loin encore, et jusqu'aux droits d'Aides de toute espèce, dont la perception est si chère et si litigieuse. Mais on ne croit pas que le Ministre puisse tenter à présent une opération si grande, si bienfaisante et si salutaire. Et puisque les États-Généraux sont prochains, il paraît qu'on doit se borner à se mettre en état d'en conférer avec eux, à tenter, si on le peut, quelques essais particuliers, et à préparer la complette autorisation dont les Assemblées Provinciales peuvent avoir besoin, afin de se prêter, lorsqu'elles y trouveront l'avantage de leurs Provinces, à tous les changemens

de forme de perception, et à toutes les trans-
mutations d'impôts que l'intérêt des Contribuables peut exiger.

On croit donc qu'il vaut mieux, pour le
moment, n'opérer que sur le droit de marque
des cuirs, qui est le plus odieux de ceux
contre lesquels on réclame, et celui dont la
perception entraîne nécessairement le plus
d'injustice : or, en ne réformant que ce droit,
il paraît certain que l'on ne trouverait pas sur
l'économie des frais de Régie, les *six cent
mille francs* d'augmentation de revenu que
M. *Brémond* et sa Compagnie offrent au
Gouvernement.

Il est vrai que M. *Brémond* se réserve im-
plicitement un moyen d'y pourvoir. Le fonds
de son opération tient, soit qu'elle devienne
l'objet d'une ferme, ou celui d'une Régie, à
former des Tanneurs et autres préparateurs
de cuirs en premier apprêt, actuellement soumis au droit de marque, une Corporation
générale dans le Royaume, divisée par Provinces, et sous-divisée par Districts ; en telle
manière que les Tanneurs et autres apprêtant-
cuirs de chaque District puissent s'assembler,
pour faire entr'eux à l'amiable la répartition
de la somme imposée sur leur District et
nommer dans cette Assemblée un ou plusieurs
Députés, qui, réunis dans le Chef-lieu de la
Province, y feraient le partage entre les Districts de l'imposition que la Fabrique des Cuirs

et des Peaux aurait à porter dans la Province ;
puis nommer encore d'autre Députés, qui,
se rassemblant à Paris sous les yeux du Gouvernement, et avec quelques Membres de
l'Administration du Commerce, non-seulement feraient la répartition entre toutes les
Provinces, mais s'occuperaient encore de
toutes les instructions et de tous les encouragemens dont la fabrication et le commerce
des cuirs auraient besoin.

Cette vue sur l'encouragement et l'instruction de la fabrique, et plusieurs autres très-
louables qui se trouvent dans les Mémoires
de M. *Brémond,* justifient la protection que
lui accordent M. l'Archevéque d'Aix et les
États de Provence.

La République des Tanneurs et autres Fabricans de cuirs et de peaux étant ainsi or-
ganisée dans le Royaume, il est vraisemblable
que, si elle avait souscrit à l'augmentation de
six cent mille livres promises au Gouvernement, dans le cas où la simple épargne sur
les frais de Régie ne la fournirait pas, le surplus serait imposé au marc la livre sur les
Contribuables, et par eux-mêmes, pour faire
honneur à leurs engagemens vis-à-vis de l'Administration, et mettre le Fermier à portée
de tenir les siens. Il y aurait donc augmentation d'impôt : mais du moins ne donnerait-
elle pas lieu, ni possibilité, de demander des

pots de-vin par Province, comme le ferait l'augmentation proposée par la Compagnie de *Leval.*

M. *Brémond* paraît avoir cru que cette offre d'augmentation, comme celle des fonds d'avance, était absolument nécessaire pour déterminer le Gouvernement, et s'y étant en conséquence résigné, il tâche d'établir qu'elle ne sera pas trop onéreuse à la fabrication, si la répartition est équitable. Voici le raisonnement qu'il fait à ce sujet.

On peut compter que la fraude actuelle se monte à environ un tiers de la perception qui devrait avoir lieu, si cette perception était faite avec une entière impartialité. La répartition équitable sur tous les Contribuables, d'une somme égale à celle qui est actuellement levée, équivaudra donc à une diminution d'un tiers au moins pour les Fabricans qui ne fraudent point; et ceux qui fraudent seront à peu-près sur le même pied qu'aujourd'hui, seulement avec une plus grande sécurité et plus de liberté dans leur commerce. L'impôt, qui est à présent de quinze pour cent sur les Fabricans honnêtes, et joint à beaucoup de vexations, ne sera donc plus que de dix pour cent; et quand il faudrait subir une augmentation d'un dixième pour former les *six cent mille francs* promis au Roi, le soulagement pour les Fabricans honnêtes serait

encore

encore de quatre pour cent, indépendamment de l'avantage de ne plus éprouver de vexations ni de procès déshonorans et ruineux.

Il réserve, de plus, au commerce de cuirs à l'étranger l'avantage de recevoir des primes, dont il indique le tarif, qui seraient un peu supérieures à la restitution de droits qui a lieu aujourd'hui, de laquelle l'insuffisance est démontrée, puisqu'elle laisse nos cuirs chargés de onze pour cent, à la sortie.

Ces arrangemens paraissent à M. *Brémond* devoir suffire pour relever les Tanneries, et il y insiste, comme on capitule pour sortir d'un état plus fâcheux encore.

Mais la plupart des Tanneurs, et notamment M. *de Rubigny*, ne sont point du tout de son avis.

Ils disent que, si l'on se bornait à un adoucissement qui laisserait encore la fabrication des cuirs chargée de *dix* à *onze* pour *cent* de droits, on retarderait un peu l'entière ruine de cette Fabrique, mais on ne pourrait la relever.

Ils exposent avec force que le Gouvernement ne doit pas chercher sur les cuirs une augmentation de revenu; qu'il doit au contraire faire des sacrifices, qui ne seront qu'apparens, puisqu'il est actuellement chargé d'acquitter lui-même une forte partie de l'impôt, et de la surcharge que ses formes ruineuses y ajoutent, en payant les fournitures

16

de cuir nécessaires à l'Armée et à la Maison du Roi.

Une autre considération détermine à penser que les propositions même de M. *Brémond* pourraient être désavouées par le corps des Tanneurs, et souffrir des difficultés, soit vis-à-vis des Cours, soit vis-à-vis des États-Généraux ou Provinciaux, ou des Assemblées Provinciales. C'est qu'un abonnement fait pour douze ans, dût-il n'être que sur le pied de la contribution actuelle et sans augmentation, emporterait une véritable prorogation des huit sols pour livre établis par l'Edit d'août 1781 sur le droit de marque des cuirs, et qui, tant aux termes de cet Edit, qu'à ceux de l'Arrêt du Conseil du 19 décembre de la même année, doivent cesser au dernier décembre 1790; de sorte qu'un tel abonnement, ou un tel bail, serait, à compter de cette époque, *une imposition nouvelle* sur les cuirs, établie pour dix ans, et montant aux quatre quinzièmes de la contribution actuelle. On croit que, dans la position présente, c'est une opération que le Gouvernement s'est ôté la possibilité de faire sans le concours des États-Généraux. S'il allait en avant même sur les offres des Tanneurs, prorogeant ainsi, par un arrangement particulier, ces huit sols pour livre, il s'exposerait à se voir imputer dans les États-Généraux, d'avoir abusé de la position fâcheuse à laquelle les Fabricans de

cuirs avaient été réduits, en leur faisant
acheter un soulagement de deux ans, au prix
d'un impôt de dix, et d'avoir porté dans cette
négociation une sorte d'astuce, qui serait en
effet totalement contraire à ses bonnes intentions, et au-dessous de la majesté du Roi.

Les propositions de M. *Brémond* montrent
peu d'espoir dans la seule considération de
l'utilité publique, et l'idée qu'on ne doit rien
attendre du Gouvernement, en faveur de la
fabrication et du commerce des cuirs, si l'on
ne donne à présent de l'argent comptant,
et pour la suite une augmentation de revenu
à prendre sur cette fabrication, que tout le
monde cependant reconnaît comme la plus ac-
cablée qui soit actuellement dans le Royaume,
et la moins en état de fournir ni fonds d'a-
vance, ni augmentation de revenu.

C'est en cela que l'on croit digne du Roi
et du Ministère, de tromper les spéculations
de M. *Brémond*, et des Tanneurs eux-mêmes,
en leur accordant plus qu'ils ne demandent :
tout ce qui est utile et juste.

C'est des moyens d'arriver à ce résultat
noble et nécessaire, que l'on va s'occuper.

PROPOSITIONS

auxquelles il paraît que le Gouvernement
doit son attention la plus particulière.

Avant de se déterminer dans les affaires
publiques, il faut bien reconnaître ce dont

il est question, et tâcher de l'exposer si clairement, de réduire les principes et les motifs de la décision à une telle simplicité, que le Peuple lui-même, ou les personnes qui ne s'en sont jamais occupées, ne puissent hésiter sur le parti à prendre. Lorsque l'on ne peut se résoudre qu'avec une grande contention d'esprit, on risque toujours ou de se tromper, ou au moins de voir sa résolution blâmée par tous ceux qui ne sont pas capables d'une application pareille. Or, il ne suffit pas aux Gouvernemens de bien faire, il faut encore, autant qu'il se peut, que ce soit avec l'applaudissement du public, puisque c'est l'opinion publique qui fait leur force et leur récompense.

De quoi s'agit-il, relativement au droit de marque des cuirs?

1°. De supprimer cette imposition, qui est payée en grande partie par le Roi lui-même; qui donne lieu à de criantes injustices; qui entraîne, pour les Contribuables, une multitude de faux-frais totalement inutiles aux finances; qui a ruiné et ruine de plus en plus, chaque jour, une branche importante d'industrie, de fabrication et de commerce; qui décourage l'éducation des bestiaux, et nuit ainsi non-seulement aux Tanneries, Chamoiseries, Mégi-series et Parchemineries, sur lesquelles elle frappe directement, mais encore à l'abondance des engrais, à celle du laitage, des

fromages, des beures, à celle de la viande
de boucherie, à celle des laines pour nos dra-
peries et autres étoffes; et qui, diminuant
un grand nombre de sources de richesses,
arrête les progrès naturels des produits territoriaux et des consommations, de toutes les
bases de revenus de la Nation, de l'État et
du Roi.

2.° De remplacer au Trésor Public ce qu'il
peut tirer actuellement de ce droit destruc-
teur, en y substituant une contribution moins
onéreuse, qui ne soit point vexatoire, qui
n'arrête aucun travail, et dont les fraix de
perception soient réduits à la plus faible proportion possible.

Ce qui a égaré, dès le premier pas, tous ceux
qui ont eu à traiter cette matière, c'est qu'ils ont
cru qu'il fallait nécessairement que l'impôt
de remplacement du droit de marque des
cuirs fût pris *sur la fabrication* et le commerce *des cuirs* et des peaux.

Mais où en est la nécessité?

Quelle raison peut-il y avoir d'imposer un
genre de fabrication et de commerce plutôt
qu'un autre? Pourquoi imposer les cuirs, qui
sont une production de notre sol, qu'on prépare avec les écorces, autre production de
notre sol, dont le bon débit encourage à multiplier ou à conserver les bois? Pourquoi imposer les cuirs, nécessaires à tous les ordres de
consommateurs, plutôt que les draps fins et que

les étoffes de soie et d'or, dont la plus grande partie de la matière première est étrangère, et qui ne sont qu'à l'usage des riches ?

On dit, et avec raison, qu'il faut encourager les Fabriques, qui assurent le débit de nos production, en fournissant des salaires à notre Peuple. Plusieurs personnes même sont d'avis qu'il est bon d'imposer le Peuple, pour donner des primes et des avances aux Manufactures. On n'a pas assez réfléchi si, avant de les payer, il ne serait pas utile de commencer par ne leur rien prendre. On les a gênées, vexées, réglémentées, inspectées, marquées, plombées, visitées, imposées de cent façons, et l'on est étonné que sous des soins si multipliés, si pesans, elles ne fassent pas de progrès rapides.

Ceux qui ont engagé le Gouvernement à lever ainsi de l'argent d'une main, pour le donner de l'autre, et le retirer des deux, l'ont chargé d'un travail bien pénible, bien fatiguant, bien nuisible pour lui-même et pour les autres.

Les Ministres, aujourd'hui plus éclairés, reconnaissent les abus de ce régime arbitraire, incohérent et contradictoire. Ils voudraient que leur administration fût simple, équitable et paternelle. Et puisque leurs premiers regards se sont tournés vers une Fabrique des plus intéressantes qui soient dans le Royaume, plus opprimée, sans comparaison, que toutes

les autres, ils ne peuvent pas croire qu'il suf-
fise d'améliorer un peu son sort, et qu'il ne
faille pas au moins la mettre au niveau de
celles qui, par leur nature, sont beaucoup
moins dignes de protection.

De l'opinion vague, et non formellement
avouée parce qu'on en aurait honte, que,
malgré qu'il soit reconnu qu'un impôt a une
mauvaise base, elle n'en doit pas moins être
éternelle, est résultée l'autre opinion, dont on
se dissimule le principe, que c'est uniquement sur la fabrication et le commerce des
cuirs, qu'il faut chercher le remplacement de
l'imposition à laquelle ils ont été très-mal-à-
propos assujettis, sans qu'aucune raison puisse
justifier la préférence ruineuse qu'on leur a
donnée. Et de cette dernière est née la troisième opinion, presque générale, qu'il faut
former de tous les Fabricans de cuir une grande
Corporation, pour faire entr'eux la répartition
amiable de cet impôt.

On a indiqué, d'avance et avec applaudissement, les mêmes vues pour les droits sur
les papiers et cartons, et sur les amidons, et
pour ceux de la marque d'or et d'argent. Il
faut donc oser dire que ces vues, quoique
séduisantes au premier aspect, ne sont pas
bonnes, qu'elles sont au contraire très-dan-
gereuses.

Il faut montrer qu'il y aurait un grand inconvénient à étendre et à consolider dans les

Arts et dans les Fabriques l'esprit de corporation et de jurande, c'est-à-dire, celui de
monopole et de privilège exclusif.

C'est un des plus terribles obstacles aux
progrès de l'industrie et du commerce; c'est
une des plus grandes causes de notre infé-
riorité vis-à-vis des autres Nations; c'est une
des plus grandes sources de contestations et
de procès entre les Corporations différentes :
espèce d'impôt dont on ne peut calculer les
bornes, et que les suppôts de la justice ac-
croissent chaque jour avec une activité redoutable et une intelligence perfide; c'est une
des plus grandes occasions de vexations pri-
vées entre égaux, de dépenses inutiles, de
repos abrutissans, de tems perdu, d'abus et
de mauvaises mœurs : autres espèces d'impôts
sur les Fabriques et le Commerce, encore
plus difficiles à calculer; c'est un des pièges
les plus dangereux que l'on puisse mettre
sous les pas du Gouvernement, qui, dans les
momens d'ignorance et de déprédation, trouve
si commode d'avoir sous la main des Corps
subalternes à qui s'adresser pour des emprunts
clandestins, ou pour de sourdes augmentations d'impôts.

La justice du Roi avait été frappée de ces
maux et avait aboli les jurandes. Son amour
pour la paix, sa complaisance pour une fausse
opinion publique, qu'avaient élevée dans la
Capitale les personnes intéressées à la multi-

plication des procès, et la disgrace, qu'on lui présenta comme nécessaire, du Ministre qu'estimait sa vertu, dont il disait si noblement : *Il n'y a que lui et moi qui aimions le Peuple,* ont amené avec quelques adoucissemens le rétablissement de ce fléau de nos Villes et de notre Commerce. Mais le progrès des lumières ne permet pas que ce reste de l'ancienne barbarie soit durable, et la sagesse prévoyante du Ministère doit craindre de lui donner de nouveaux étais.

Si l'on ne devait pas abandonner l'idée d'imposer sur la fabrication des cuirs l'équivalent de ce que le Roi retire du droit de marque, il ne faudrait du moins employer à l'assiette du nouvel impôt ceux qui se livrent à cette fabrication, que provisoirement, et jusqu'à ce qu'on eût pu y substituer une imposition régulière, qui ne supposât plus de corporation, et qui pût être administrée par les Assemblées Provinciales et les Etats Provinciaux, comme les autres impositions.

On croit qu'en ce cas il faudrait s'arrêter au plan qui avait été proposé à M. *de Calonne,* et qui a été exposé dans la quatrième partie de ce Rapport, depuis la page 146, jusqu'à la page 149.

Selon ce plan, dans la première année, les Fabricans en cuirs et peaux de chaque District auraient, sous la direction de l'Assemblée de Département, partagé entr'eux le

paiement de la somme qui aurait été déterminée, et auraient fait ce partage en raison
du nombre d'ouvriers habituellement employés
dans leur fabrication.

Ils auraient remis les élémens et les motifs
de cette opération à l'Assemblée de Département, qui aurait pu les faire vérifier par
l'Assemblée Municipale.

Il en serait résulté la connaissance du pied
moyen, sur lequel chaque Ouvrier en cuir aurait été imposé dans chaque District.

L'Assemblée Provinciale aurait pu, en pre-
nant ensuite un terme moyen entre ceux que
lui auraient présenté les rôles de cette répartition, fixer l'imposition de la seconde année
dans tous les Districts de la Province, en
raison du nombre des Ouvriers.

Et dans l'intervalle de la seconde année à
la troisième, on aurait pu, par la comparaison de ce qui aurait eu lieu à ce sujet dans
chaque Province, établir un taux moyen
général qui aurait réglé dans tout le Royaume
la contribution à payer pour chaque Ouvrier
en cuir par chaque Maître qui les emploie.

Mais ce serait vraiment une trop grande
faute, que de laisser cette imposition peser
ainsi directement sur cette branche de travail,
lorsque l'on peut, avec plus de sûreté, moins
de non-valeurs et plus de justice, la répartir
sur tous les Contribuables qui en éprouvent
actuellement les reflets.

Que devient en effet aujourd'hui cette imposition ?

Quoiqu'elle soit très-nuisible aux Tanneurs et autres Fabricans en cuir, et à leur travail, parce que ce sont eux qui en éprouvent les vexations et les poursuites, il ne faut pas croire qu'elle soit, ni qu'elle puisse être acquittée par eux. Si cela était possible, il y a long-tems qu'elle aurait absorbé tous leurs capitaux, et que par l'excessive inégalité qu'elle eût mise entre leur commerce et les autres commerces, elle eût fait entièrement cesser leur fabrication. Puisque celle-ci a continué en partie et continue encore, quoique dans un état d'affaiblissement progressif, il faut bien que ces Fabricans en cuir, pour retirer quelque salaire de leur travail, et un intérêt tel quel de leurs capitaux, se soient récupérés de la totalité ou au moins de la plus forte partie de l'imposition, soit en mésoffrant sur le prix des cuirs verds, au détriment des propriétaires de fourrages et de prairies, soit en diminuant la qualité, soit en augmentant le prix de leurs cuirs fabriqués pour le Consommateur, soit en combinant les trois moyens.

Les Fabricans de cuirs ne font donc et ne peuvent faire que l'avance de l'impôt, et ils sont obligés de faire, sur cette avance comme sur toutes les autres qu'ils mettent dans leur commerce, le même profit qu'ils doivent retirer de leurs autres capitaux et de leurs autres avances : car peu importe à un Fabricant que son capital se soit consumé à payer des matières premières, des journées, des voitures ou des impôts, il faut toujours qu'il retire l'intérêt de ce capital, ou qu'il quitte son commerce; et il résulte seulement de l'avance qu'on lui fait faire, que s'il y en a une plus forte partie employée à payer des impôts, il y en aura, au préjudice de la Société entière, une moindre partie occupée à mettre en activité des travaux utiles.

Ce sont donc actuellement les Nourrisseurs de bestiaux, les Propriétaires de prairies et d'autres fourrages, et les Consommateurs de cuirs et de peaux, qui payent, avec surcharge, l'impôt sur cette marchandise, quoique ce soient les Tanneurs, les Chamoiseurs, les Mégissiers et les Parcheminiers qui en supportent la vexation directe.

Si le Gouvernement croit donc pouvoir abonner le droit de marque des cuirs avec les Tanneurs qui ne le payent point, et qui sont seulement vexés outrageusement pour sa perception, il est assez simple de penser qu'il peut, à plus forte raison, abonner cette même imposition avec ceux qui la payent, qui l'ont payée jusqu'à ce jour, et qui de plus sont et ont été constamment chargés d'indemniser les Tanneurs des faux-frais et des désagrémens qui y étaient attachés.

Mais, dit-on, «le Roi ne peut pas changer
la nature d'une imposition enregistrée, et y
en substituer une nouvelle, sans un nouvel
enregistrement ».

Que veut-on dire par *changer la nature?*
Est-ce le nom ? il n'y a rien de si aisé à conserver. Est-ce seulement que le Roi ne peut
pas faire d'un droit domanial un droit d'aide,
et réciproquement? très bien encore. Et qu'importe, s'il est reconnu et constaté par un grand
nombre d'expériences, que l'on ne conteste
pas au Roi le droit de les *abonner.* Si le Roi
abonne un droit domanial, on dit qu'il a
conservé sa nature *domaniale;* si c'est un droit
d'aide, on dit qu'il a conservé sa nature
d'*aide.* Toutes ces choses sont dans l'expres-
sion et dans l'imagination : un droit abonné
est très-réellement changé de nature et même
en mieux, sans quoi l'on ne se serait pas
prêté à l'abonnement; mais on lui conserve
fictivement et légalement cette nature, en
déclarant qu'il n'en a pas changé, et con-
servant son nom à celui de l'abonnement.

Grace à cette forme, qui balance l'effet de
nos préjugés et des mauvais principes de notre
législation *fiscale,* on sauve et conserve la
liberté de faire le bien de l'Etat, du Roi et
du Peuple, qui sont le véritable et l'unique
objet du Gouvernement et de la Société. Rien
ne peut donc arréter la bonne volonté et les

lumières des Administrateurs sages, lorsqu'il s'agit d'abonnemens. C'est à ceux qui s'abonnent pour la commutation d'un droit, à savoir à quel point il leur était onéreux : *volenti non fit injuria.*

Que serait-ce qu'un abonnement que l'on ne conteste pas au Roi le droit de faire avec les Tanneurs, pour leur épargner la vexation de la marque des cuirs? Ce serait une transformation d'un droit à l'exercice très-onéreux, en une capitation moins redoutable, mais que les Tanneurs seront également obligés de rejetter, après l'avoir accrue d'un raisonnable profit sur les Nourrisseurs de bestiaux, sur les Propriétaires de prairies et de toutes espèces de fourrages, et sur les Consommateurs de cuirs. Le droit par un abonnement avec les Tanneurs serait donc dénaturé tout autant que par un abonnement avec les véritables Contribuables ; mais il le serait beaucoup moins avantageusement pour ceux-ci, puisque, si ce sont les Tanneurs qui traitent avec le Gouvernement, et lui assurent la rentrée de son revenu, il faudra que, comme tous autres assureurs ou fermiers, ils se fassent payer avec usure par les Contribuables, et de leurs avances, et de leur Régie, et de la prime due à leur assurance.

Quelle sera cette assurance encore ? Si c'est par les Fabricans de cuir qu'elle est faite, en même-tems qu'elle coûtera plus cher à la Nation, elle ne garantira qu'imparfaitement des non-valeurs.

Selon les Tableaux, remis par la Régie à M. de *Calonne*, il n'y avait dans le Royaume, en 1759, que *quatorze mille deux cent deux* Maîtres, tant *Tanneurs* que *Hongroyeurs*, *Bourreliers*, *Corroyeurs*, *Chamoiseurs*, *Mégissiers*, (et quoique la Régie prétende que le nombre en est augmenté, et qu'il se montait, en 1788, à *quinze mille trois cent dix*, ce que nient les Tanneurs, Chamoiseurs et autres Fabricans de cuir, (dont la négation paraît confirmée par les renseignemens qu'ont envoyés MM. les Intendans des Provinces), en retranchant de ce nombre les Fabricans de second apprêt ou les employans cuirs, comme les Bourreliers, les Corroyeurs, les Hongroyeurs, il n'est pas possible de supposer plus de *dix mille* Fabricans de premier apprêt; il est beaucoup plus vraisemblable, et plus d'accord avec la correspondance de MM. les Intendans, de croire qu'il n'y en a pas plus de *sept mille* en activité.

Les états du nombre de leurs Ouvriers, dont on a connaissance, et qui ont été cités dans la quatrième partie de ce rapport, n'indiquent point que, l'un dans l'autre, ces Maîtres aient plus de trois Ouvriers. Ce serait donc au plus entre *sept mille* contribuables en chef qu'il faudrait répartir, à titre d'abonnement , une imposition de *quatre mil-lions sept cent mille livres*, ce qui donnerait, pour chaque Maître d'une moyenne force , *six cent soixante-onze livres* à payer tous les ans ; et ce qui, sur le pied de trois Ouvriers par maître, et en supposant que la répartition fut faite en telle sorte que l'on comptât la contribution pour un Ouvrier à environ un tiers au-dessous de celle d'un Maître , porterait à *cinquante écus* la capitation de chaque Ouvrier en cuir, et à *deux cent vingt-une livres* celle de chaque Maître. Croit-on qu'il soit bien facile de soutenir, sur une classe d'hommes aussi pauvres que le sont aujourd'hui les Ouvriers en cuir, une espèce de capitation de cinquante écus par tête, même en la faisant payer par le maître, chargé personnellement de *deux cent vingt-une livres* ? Croit-on qu'il n'y aurait pas de grandes contestations entre les Maîtres, sur l'étendue de leur fabrication, et le nombre de leurs Ouvriers? que la solidarité ne mit pas entr'eux une animosité très-vive, dont les suites seraient souvent fâcheuses ? et que, dans les petites Communautés , cette solidarité fût constamment suffisante pour garantir le Gouvernement de pertes ? On peut l'espérer pour un tems très-court et provisoire, dans la première ferveur de la joie d'être délivrés des vexations attachées au droit de marque. Il ne faudrait connaître ni les hommes, ni les affaires, pour se flatter que l'exactitude des paiemens pourrait durer long-tems , et qu'il ne viendrait pas de tous côtés des suppositions de mauvaises affaires qu'on n'aurait point faites , de dérangement de fortune qui n'auraient point eu lieu, et une légion de prétextes pour éluder l'impôt : prétextes dont les Fabricans en cuir ne pourraient démontrer la fausseté à leurs confrères, que par une nouvelle inquisition , un peu moins vexatoire sans doute que celle dont ils se plaignent aujourd'hui , mais qui leur serait aussi désagréable , parce qu'elle viendrait de leurs égaux et de leurs rivaux. Il faut bien se garder d'y donner lieu.

Si, au contraire, on fait les abonnemens avec les Pays d'États et les Assemblées Provinciales , à la charge d'en répartir le fardeau sur tous les possédans-biens, au lieu de sept mille contribuables, on trouvera plus de deux millions ; et l'on sent déjà quelle facilité ce serait pour la perception, et combien les non-valeurs seraient moins à craindre. On aura , de plus , dans les impositions et les droits qui subsistent déjà sans murmure, et qui affectent ou doivent affecter tous les Citoyens , des élémens de répartition qui ne présenteront rien d'arbitraire , et par conséquent qui ne pourront occasionner aucune vexation , ni aucune contestation.

Il ne sera pas difficile d'établir que l'abonnement du droit de marque des cuirs devra

17

porter proportionnellement sur tous les ordres des Contribuables; on ne doit même attendre à cet égard aucune réclamation ; car chacun sait que l'influence de ce droit n'épargne actuellement personne.

On conçoit encore qu'il pèse principalement sur les Ecclésiastiques, les Nobles et les Privilégiés, puisque ce sont eux qui se sont réservés la plus grande partie des prairies, attendu qu'elles sont plus faciles à faire valoir que les autres biens ; et que ce sont eux encore qui vont en carrosse, qui font le plus de voyages en poste, qui montent le plus à cheval, par eux-mêmes ou par leurs valets, qui ne portent point de sabots, qui consomment proportionnellement une quantité de cuir incomparablement plus grande que ne le fait le Peuple.

On sent donc combien il doit être facile de faire comprendre aux Assemblées Provinciales et aux Pays d'États à quel point il est clair que, par sa nature, l'imposition pour remplacement du droit de marque sur les cuirs ne comporte pas de privilèges, et combien il est juste qu'elle soit répartie comme les charges locales et les réparations des Presbytères.

Le principe sur les exemptions est que per-

sonne ne peut réclamer celles dont il n'a
jamais joui. Personne donc n'ayant été exempt
de rembourser aux Tanneurs et aux autres Fabricans de cuir le droit de marque, et même de
les indemniser de la surcharge qu'ils en éprou-
vaient, tout le monde doit se regarder comme
soulagé, lorsque le Roi, diminuant l'imposition de toute cette surcharge, et se conten-
tant de ce qu'il en recevait de net, proposera
à la Nation de le répartir avec équité.

Et s'il vient d'être déclaré de nouveau que
le Clergé ne contribuerait point aux charges
publiques, en raison de son revenu, mais
seulement en proportion de son zèle, c'est
du moins une raison de croire que le Clergé,
qui est jaloux de l'estime de ses Concitoyens,
et qui se regarde comme le protecteur du
Peuple, proportionnera de lui même son zèle
à son revenu. On peut donc juger que, si
le Clergé est imposé à part, il se chargera
au moins d'un dixième de l'imposition de
remplacement. Car il est reconnu par les
plus éclairés d'entre ses Membres, que ses
revenus ne sont pas au-dessous du dixième
de ceux des autres Propriétaires, et c'est ce
que M. l'Evêque-Duc de Langres a exposé
avec autant de clarté que de noblesse et de
force à l'Assemblée des Notables.

Si l'on croit que l'imposition pour rempla-

cement du droit de marque des cuirs ne doive
pas porter uniquement sur les Propriétaires
de biens-fonds, quoiqu'ils en doivent supporter la plus grande partie, tant comme
Possesseurs de toutes les prairies et de tous
les fourrages, et Nourrisseurs de tous les bestiaux, que comme principaux Consommateurs,
et si l'on juge convenable d'établir aussi une
partie considérable de cette imposition sur les
Consommateurs des Villes : opinion qui peut
se soutenir avec une grande apparence de
raison et de justice, il est très-simple d'en
ajouter une partie aux droits d'entrée des
Villes closes.

Enfin, comme il est vraisemblable que la
pesanteur du droit de marque aura porté à
ménager les Fabricans de cuir dans leur capitation, et à leur faire payer cette imposition
dans une proportion plus faible que les autres
Fabricans d'une fortune égale à la leur, il y
a lieu de croire qu'on pourra, sans être injuste à leur égard, et seulement pour les tenir
au niveau des autres Capitalistes laborieux,
leur faire payer une augmentation modérée
de capitation.

D'après ces bases, qui paraissent à-la-fois
équitables et raisonnables, voici le plan de
l'opération que l'on croirait bienfaisante et
utile en tous ses points, et dont le succès ne
semblerait pas douteux.

ASPECT

de l'Opération à faire relativement au droit
de marque des Cuirs ; des Sommes à ré-
partir; et du Plan de répartition qu'on
croit le plus raisonnable.

Des *cinq millions* de produit net que présente le droit de marque des cuirs d'après les
calculs de la Régie, il y en a *cinquante mille*
écus qui sont le produit des droits sur l'importation des cuirs étrangers, qu'il faut laisser
subsister ; reste à *quatre millions huit cent*
cinquante mille livres.

On peut espérer que la Régie générale par-
viendra à épargner au moins *cinquante mille*
autres écus sur les *cinq cent mille francs*
auxquels elle estime la portion de ses fraix de
Régie relatifs au droit de marque des cuirs,
mais sur lesquels elle croit ne pouvoir faire
qu'une médiocre économie, à cause des Employés, dont les autres parties de sa Régie
exigeront la conservation.

Il ne faut donc pas chercher le remplacement de plus de *quatre millions sept cent*
mille livres, et même on peut se dispenser
de le trouver en entier, puisqu'il est certain
que la suppression du droit de marque des
cuirs doit faire éprouver au Roi un double
avantage sur la qualité et sur la durée, comme
sur le prix des cuirs nécessaires à la consom-

mation de sa maison, de ses chasses, et de son armée.

On chercherait le remplacement de ces *quatre millions sept cent mille livres* dans quatre sources qui semblent en indiquer la répartition la plus raisonnable, eu égard aux circonstances actuelles ; car, en administration, il ne faut pas s'obstiner à chercher une perfection idéale : il suffit de celles que l'état des opinions et le progrès des lumières peuvent permettre.

Ces quatre sources seraient, sous le nom commun de *Contribution pour l'abonnement du droit de marque des cuirs*:

1.º Une contribution de la part du Clergé, à laquelle on peut croire qu'il ne se refusera point ;

2.º Une addition légère et proportionnelle aux impositions territoriales, qui sont, il est vrai, encore imparfaitement réparties, mais qui ne le sont pas cependant avec l'horrible inégalité que le droit de marque des cuirs et les sols pour livre additionnels mettent entre la Fabrique des cuirs et les autres Fabriques, et qui d'ailleurs tendent à perfectionner toujours et sans cesse leur assiette, par les soins des Assemblées Provinciales et par ceux que l'exemple de ces Assemblées obligera les Pays d'États de prendre à leur tour ;

3.º Une augmentation pareille sur les octrois et droits d'entrée des Villes closes ;

4.º Enfin, une augmentation de capitation sur les Fabricans actuellement soumis au droit de marque des cuirs.

ARTICLE PREMIER.

On estime, d'après les Membres les plus éclairés du Clergé, que le produit net de ses revenus territoriaux est à celui des revenus territoriaux de la totalité de la Nation, dans la proportion d'un dixième.

Sur *quatre millions sept cent mille livres* à remplacer, le Clergé fournissant le dixième, en donnerait *quatre cent soixante-dix mille livres.*

ARTICLE SECOND.

Les impositions territoriales et autres y jointes, perçues par les Receveurs-généraux des Finances dans les Pays d'Élection, se montent à cent cinquante-quatre millions neuf cent vingt-cinq mille six cents l., ci 154,925,600 l.

Les vingtièmes abonnés, à . .   574,000

Les impositions des Pays-d'Etats, à. 26,698,887

TOTAL des impositions... 182,198,487 l.

On ajouterait à ces impositions, à titre d'abonnement du droit de marque des cuirs, quatre deniers pour livre; ce qui produirait *trois millions trente-six mille six cent quarante-une livres.*

ARTICLE TROISIÈME.

On ajouterait aux Octrois et droits d'entrée des Villes closes, tant ceux qui appartiennent au Roi, que ceux qui se lèvent au profit des Villes mêmes, toujours sous le titre d'abonnement pour le droit de marque des cuirs, une addition semblable, de quatre deniers pour livre.

Le produit de quelques-uns de ces droits n'étant pas assez connu de celui qui tient ici la plume, il ne pourra parler positivement que de ce qui regarde les entrées de Paris.

Il se contentera, sur le reste, d'une approximation, qu'il sera facile au Ministre de rectifier.

Les entrées de Paris et les aides du plat pays sont affermées *trente millions*; sur quoi diminuant *quatre millions* pour les aides du plat pays, reste pour la partie susceptible de l'addition des quatre deniers pour livre en abonnement du droit de marque des cuirs. . . . . 26,000,000 l.

Les droits qui se perçoivent aux mêmes entrées pour le domaine de la Ville et pour les Hôpitaux, par estimation, selon un relevé de l'année moyenne de neuf. . . . . , ... 2,000,000

Les droits d'entrée et d'octroi

Ci-contre. . . . . 28,000,000 l.

De l'autre part....... 28,000,000 l.

perçus tant au profit du Roi,
qu'à celui des Villes closes de
Province, aux entrées de ces
Villes, y compris celui des Inspecteurs aux boucheries, par
estimation................. 18,000,000

TOTAL des droits d'entrée des
Villes closes, par estimation.. 46,000,000 l.

Dont les quatre deniers pour livre donneront *sept cent soixante-six mille six cent
soixante-six livres.*

ARTICLE QUATRIÈME.

Enfin, il ne peut y avoir aucun inconvénient à augmenter la capitation des Fabricans
de cuirs et peaux en premier apprêt, de *dix
écus* par an pour chaque Fabricant, l'un
compensant l'autre, en laissant aux Assemblées Provinciales, de Département, et Municipales le soin de répartir cette capitation
dans des proportions plus fortes sur les plus
riches Fabricans, et très-inférieures sur les
plus faibles.

Dans la supposition que nous avons adoptée
de *sept mille Fabricans* de premier apprêt,
cette augmentation de capitation, à laquelle
ils seront loin de se refuser, et qui ne rompra
pas l'équilibre qui doit être établi entre leur

profession et les autres, produira *deux cent dix mille livres.*

RECAPITULATION

Du Produit des quatre Moyens combinés pour le remplacement et l'abonnement du droit de marque des cuirs.

1.° Par la contribution à laquelle le Clergé ne peut se dispenser de se prêter à cettte occasion...................... 470,000 l.

2.° Par les quatre deniers pour livre des impositions dans les Pays d'Etats et dans ceux d'Election..................... 3,036,641

3.° Par les quatre deniers pour livre des droits d'octroi et d'entrée de toutes les Villes closes, selon l'estimation 766,666

4.° Par une addition de capitation sur les Fabricans de premier apprêt en cuirs et en peaux 210,000

ToTAL du remplacement ... 4,483,307 l.

Il manquerait environ *deux cent dix-sept mille livres* pour completter la somme à remplacer.

Mais, d'une part, le Roi doit pouvoir trouver au moins cette économie sur les fourni-

tures de cuir et de peaux nécessaires à sa
maison, à ses chasses, et à son armée.

Et d'un autre côté, il ne peut être question
de trouver précisément l'à-point de la somme
à remplir, ou moins, ou plus. C'est ce que
vont montrer quelques observations sur la
situation actuelle des Finances, et des affaires
générales du Royaume, auxquelles on joindra
un point de vue sur le parti qu'elles semblent
indiquer quant à présent, et dans lequel il
paraît sage que le Gouvernement restreigne,
pour le moment, l'effet de ses bonnes intentions.

VUES

sur ce que paraît prescrire, relativement
au droit de marque des cuirs, la position
présente des affaires.

La convocation des États-Généraux est très-
prochaine.

Tous les maux de l'Etat achèveront d'y
être mis à découvert, et l'on ose croire qu'ils
y seront guéris. La Nation ne s'abandonnera
point elle-même, elle ne se dévouera point
à l'ignominie, en manquant aux engagemens
qui ont pu être pris avec imprudence, mais
enfin qui ont été pris en son nom. Elle ne
s'exposera point au danger de rester vis-à-vis
de ses voisins et de ses ennemis, dénuée de
sûreté politique, ni même de moyens de soutenir sa dignité. Elle est bonne et noble cette

Nation : elle est même raisonnable, et même encore elle commence à être assez éclairée. Elle verra qu'il est possible de suffire à tout, pourvu qu'elle fasse un véritable corps national, dont tous les membres soient bien unis d'un même zèle pour soutenir par de communs efforts le fardeau commun.

Elle pourvoira donc à ses besoins publics : elle saura même y pourvoir avec sagesse, et lorsqu'elle aura reconnu qu'un impôt est ruineux pour elle, elle ne demandera point que cet impôt soit conservé, et qu'on lui fasse payer le double de ce qui est nécessaire, plutôt que d'adopter des formes d'impositions qui lui coûteraient moitié moins.

Si les moyens d'amélioration embrassés par le Roi laissent un vide, elle le couvrira : s'ils donnaient un excédent, elle se joindrait au Souverain pour en soulager le peuple.

Il ne s'agit donc pas à présent, comme autrefois, de dire : *aura-t-on plus ou moins de telle ou telle branche de revenu en remplacement de telle ou telle autre ?* Quelque somme qu'on retire, ou qu'on ne retire pas de chacune d'elles, dans un an les Finances seront au courant. Pour les Administrateurs dont le génie embrasse cette époque, *il n'y a plus* de DEFICIT, il ne pourra même plus y en avoir. Les causes qui l'ont fait naître seront vraisemblablement abolies pour toujours.

Mais la certitude de cet heureux résultat

de l'année prochaine doit rendre moins difficile sur le calcul et l'efficacité des moyens
proposés pour le remplacement, ou l'abonnement du droit de marque des cuirs; la même
considération porte à croire, qu'il y aurait
une imprudence inutile au Ministère à se
charger de déterminer lui-même aujourd'hui
la forme de ce remplacement.

Il le pourrait sans doute, il en a le droit :
et s'il adoptait les moyens qu'on vient de lui
proposer, il est vraisemblable qu'il serait ap-
plaudi; mais il est possible aussi qu'il ren-
contrât des difficultés qui nuiraient ensuite au
succès de son opération. Il ne faut pas qu'il
compromette son autorité. Il faut que chacun
soit forcé de rendre justice à ses vues, à sa
bienfaisance, à son zèle, à son travail, et que
personne ne puisse blâmer ses résolutions.

D'ailleurs, pourquoi se flatterait-on d'avoir
en effet imaginé ce qu'il y a de mieux à
faire ? On a bien vu les inconvéniens des
moyens qui avaient été proposés, on croit
les avoir rendu palpables. Ceux que l'on présente semblent meilleurs à tous les égards.
Mais qui sait si l'on ne peut point en trouver
de plus parfaits encore ? Et quand on touche
au moment de pouvoir consulter sur cette
opération, comme sur tant d'autres, les lumières et le vœu de la Nation entière, pourquoi se priverait-on de leur secours ?

Quoi, dira-t-on, *faut-il laisser subsister*

*jusqu'aux Etats-Généraux les maux des-
tructeurs qui ont été décrits et démontrés
dans tout le cours du travail dont le Ministère vient de prendre connaissance? Sait-
on jusqu'à quel point un an ou dix-huit
mois de retard peuvent aggraver le désastre
des Fabriques de cuirs et de peaux? Et
attendra-t-on qu'elles soient détruites pour
tenter de les sauver?*

Non ; ce n'est point là le conseil que l'on
se permettra de donner à un Ministre bienfaisant et vertueux ; il le dédaignerait avec
raison.

Il faut agir avec célérité et fermeté relativement aux points dont on ne doute pas, et sur
lesquels il n'est pas permis de douter. Il faut
suspendre, quant à ceux sur lesquels une juste
circonspection veut qu'on doute.

Personne ne pourrait croire, après avoir
lu ce Rapport, que le droit de marque des
cuirs soit une bonne imposition , ni qu'il
puisse y avoir aucune espèce de motif d'en
conserver l'exercice. Il n'y a point à craindre
d'être à cet égard désavoué par la Nation. Il
faut donc prononcer dès demain, si on ne
le peut pas aujourd'hui , la suppression de cet
exercice.

On peut au contraire être incertain si les
moyens mêmes qui paraissent les meilleurs
pour le remplacer, le sont effectivement. Il

ne faut donc pas se hâter d'employer définitivement ces moyens. Et jusqu'à ce qu'on ait pu savoir quelle sera la véritable opinion nationale à ce sujet, qui intéresse si essentiellement la Nation, il faut n'employer que des *moyens provisoires*, qui suffisent avec certitude pour que la bienfaisance du Roi n'augmente pas l'embarras de ses Finances, mais qui laissent aux Etats-Généraux la liberté toute entière de discuter et de perfectionner les projets proposés, ou même de leur en substituer de meilleurs.

Le plan de s'adresser aux Tanneurs et autres Fabricans de cuirs en premier apprêt, qui renfermerait un très-grand danger s'il devait être définitif, n'a plus aucun inconvénient sensible lorsqu'il ne s'agit que d'un arrangement provisoire, dont le terme sera très-court.

On est sûr que, pour l'espace borné d'un an ou de quinze mois, l'état de la Fabrique, qui doit plutôt prospérer que se détériorer lorsqu'elle sera soulagée des vexations qui l'accablent, ne peut pas présenter des changemens assez notables pour opérer des non-valeurs sur un paiement égal à celui auquel elle est accoutumée et auquel elle a fait honneur, malgré la surcharge énorme que les visites, les procès et les vexations de toute espèce y ajoutaient.

Il est donc infiniment simple d'ordonner que, d'aujourd'hui à la fin de 1789, les Tan-

neurs, Chamoiseurs, Mégissiers et Parcheminiers de chaque Ville, Bourg ou District,
seront tenus solidairement de remettre, de
mois en mois, par quinzième, à la caisse du
Receveur-général de leur District, une somme
égale à celle qu'ils ont payée dans les quinze
mois correspondans formés des trois derniers
de l'année 1786, et des douze de l'année
1787, sauf à ces Fabricans, dans chaque District, de s'assembler sous la direction et l'inspection du Commissaire de l'Assemblée Provinciale, ou des Etats de leur Province, pour
faire amiablement entr'eux la répartition de
la somme qu'ils auront à payer pendant ces
quinze mois.

Il ne faut pour cela ni Compagnies, ni
fonds d'avance, ni tournées dans les Provinces,
ni marchés, ni bien moins encore de pots-
de-vin. Aucune recette ne sera suspendue, le
Roi touchera chaque mois les mêmes sommes
qu'il a touchées les années précédentes.

Mais comme cet état ne peut pas être durable, comme il se détériorerait pour le fisc
s'il était prolongé plusieurs années, comme
il présenterait encore une trop grande charge
pour la fabrique et le commerce des cuirs,
le Roi se réservera de prononcer sur les
mesures ultérieures qui pourront être à prendre
pour remplacer le produit du droit de marque
des cuirs, dont l'exercice ne peut jamais être
rétabli, et pour régler l'assiette de l'imposi-

tion de remplacement, d'après l'avis des États-
Généraux.

De cette manière, il ne peut rien y avoir
à perdre pour les Finances pendant le terme
provisoire, et il y aura même à gagner ce
que la Régie pourra épargner sur ses frais de
perception.

Il y a une précaution que la justice et la
prudence prescrivent vis-à-vis des Régisseurs,
et qui est nécessaire pour que le Roi soit dis-
pensé de leur rembourser les quatre millions
d'avances que l'on peut regarder comme relatifs au droit de marque des cuirs ; c'est
d'ordonner que les paiemens de la contribution provisoire, qui devront être faits de mois
en mois, le soient à leurs Receveurs, dans
les Provinces, ensorte que le fonds de recette
de la Régie générale étant le même, il n'y
ait rien de changé dans les remises attribuées
aux Régisseurs.

Ainsi, cette Compagnie même n'aura rien
à perdre des profits auxquels elle s'est atten-
due dans ses conventions avec le Roi ; elle
sera totalement désintéressée sur l'opération
dont il s'agit, et loin que cette opération
puisse causer aucun dommage aux Régisseurs
généraux, ils partageront même avec le Roi,
dans la même proportion que leurs autres
bénéfices, l'épargne qu'ils pourront faire sur
leurs frais de Régie.

On proposera à la fin de ce Mémoire un

18

Projet d'Arrêt du Conseil, qui renfermera toutes ces dispositions, lesquelles ne seront que provisoires.

Dans le cours de 1789, tout le systême des Finances devant être perfectionné, le commerce et la fabrication des cuirs ne seront pas plus vexés qu'aucune autre branche d'industrie. Les bonnes intentions du Ministre seront appuyées de tout le poids de la raison nationale. Les sophismes des Compagnies financières n'en imposeront plus : leurs résistances cesseront d'être redoutables.

On n'a plus à présent qu'à résumer en peu de mots les faits, les principes et les résultats que l'on vient de soumettre aux lumières du Gouvernement.

RÉSUMÉ GÉNÉRAL.

On a exposé dans la première partie de ce Rapport l'origine du droit de marque des cuirs, établi sous Henri III, *en Lit de Justice*, le 16 juin 1586, pour donner lieu à une création de charges d'Officiers, Contrôleurs, Visiteurs, Marqueurs;

Révoqué par le même Prince au mois de mai 1588;

Rétabli par Henri IV, à l'occasion de la guerre avec l'Espagne, par édit de janvier 1596, toujours dans la vue de procurer la ressource passagère d'une création de charges;

Repoussé par une vive et universelle résistance de toutes les Cours ;

N'ayant pu être enregistré à Paris que le 21 mai 1597 en *Lit de Justice*, et sous condition que l'emploi des deniers servirait au paiement des Suisses ;

Ne l'ayant été à Rouen que le 6 août 1601 ;

N'ayant pu l'être dans l'intervalle qu'aux Cours des Aides de Dijon et de Clermont-Ferrand ;

Sans exécution dans tout le reste du Royaume ;

Augmenté sous Louis XIII par un premier Edit de février 1627, d'une seconde marque en plomb, pour l'apposition de laquelle on créa des Officiers Prud'hommes, auxquels on attribua le même droit qu'aux Officiers Contrôleurs, Visiteurs, Marqueurs, avec une petite addition de plus pour les frais du plomb ;

Encore accru dans la même année par un Edit du mois de juin, qui établit un nouveau droit d'un sol pour livre sur toutes les ventes au profit de nouveaux Officiers Vendeurs, sous lesquels on créa en même-tems des Officiers Déchargeurs et des Officiers Lotisseurs, avec des droits particuliers.

Les difficultés qu'éprouva l'enregistrement de ces Edits au Parlement et à la Cour des Aides de Paris, et aux Cours des Aides de Dijon et de Clermont-Ferrand, ont été rappellées, ainsi que celles plus grandes encore

que l'établissement des nouvelles charges
trouva en Normandie, où il ne put avoir lieu
qu'après qu'on eût modifié les dispositions
des deux Edits de 1627, par une déclaration
du mois de juin 1633, que M. le Duc de
Longueville fit enregistrer, du *très exprès
commandement du Roi*, à la Cour des Aides
de Rouen, le 16 juillet de la même année.

On a raconté que le Parlement de Rouen
arrêta, par un Arrêt de défense, la perception des droits qui se faisait sur l'enregistrement de la Cour des Aides. Et au sujet des
contestations qui eurent lieu à cet égard en
Normandie, on a eu occasion de remarquer
que c'étaient des personnes du premier rang
de la Ville et de la Cour qui étaient Officiers
Contrôleurs, Visiteurs, Marqueurs, Prud-
d'hommes, Vendeurs, Déchargeurs et Lotisseurs de cuirs.

On a donné une idée de la négociation qui
a eu lieu entre le Ministère et le Parlement
de Rouen, et qui eut pour résultat l'Edit de
novembre 1652, les Lettres-Patentes de décembre 1655, puis l'Arrêt du Parlement de
1657, par lesquels les nouveaux droits ne
furent admis en Normandie qu'à la charge que
la perception s'en ferait sur le pied de la
moitié de celle qui avait lieu dans le ressort
des trois autres Cours de Paris, Dijon et
Clermont Ferrand, et que les anciens droits
même y seraient réduits à moitié.

Il a fallu dire que M. *Colbert*, par l'Ordonnance de 1687, établit au profit du Roi
six sols six deniers quatorze seizièmes pour
livre du principal de tous ces droits ; et fit
percevoir cette augmentation par les Fermiers
des Aides, dont la Régie était séparée de celle
des Officiers, de sorte qu'il y avait alors sur
les cuirs six impositions, trois marques accumulées, et deux Régies.

On a vu ensuite l'Edit de 1689 vendre aux
Officiers les sols pour livre établis par M.
Colbert ;

Une déclaration du 15 décembre 1703,
ajouter cinq nouveaux sols pour livre, attribuer en outre des gages aux Officiers, et
leur faire payer le tout ;

Enfin une déclaration de 1706 fixer le régime qui a eu lieu jusqu'en 1759, et qui,
aux termes de cette loi, devait être très-
vexatoire.

Mais on a montré que, quoique la loi fût
d'une extrême dureté, son exécution était
assez douce ; parce que les Communautés de
Tanneurs et autres Fabricans de cuirs, ou
s'étaient rendus adjudicataires des charges,
ou avaient pris les différens droits à bail des
différens titulaires. De sorte que, dans le
premier cas, la perception n'avait pas lieu, et
que, dans le second, elle revenait à l'abonnement qu'on sollicite aujourd'hui, et qui était
alors sur un pied beaucoup plus faible ; parce

que les gens de la Cour qui avaient eu les offices à vil prix, ou en pur don, n'étaient pas à portée de connaître le produit des droits.

On a expliqué ainsi comment la manufacture prospérait avant 1759, même dans le ressort des quatre Cours où les droits étaient établis, mais où leur perception était nulle ou très-modérée.

Il est clair que rien ne retardait ses progrès dans le reste du Royaume, où ni les Officiers, ni leurs charges, ni leurs droits, n'étaient connus.

On a commencé la seconde Partie par l'histoire de l'établissement du nouveau droit; des préjugés qui ont favorisé cet établissement; du parallogisme qui a persuadé qu'ils seraient moins lourds que les anciens dans les Provinces où ceux-ci avaient été établis; de l'erreur que renfermait cette assertion; des moyens qui furent employés pour étendre le droit à tout le Royaume; des circonstances et de l'ignorance qui empêchèrent les Provinces d'eclairer à cet égard l'Administration.

On a développé les inconvéniens et les dangers que présentait la Loi de 1759; ceux qui étaient particuliers aux Lettres - patentes de 1766, et ceux non moins onéreux qui résultent des Lettres patentes de 1772, dernier règlement général sur cette matière.

On a observé que dans chacune de ces Loix,

le Législateur avait fait la plus sévère critique des Loix précédentes, mais n'avait pu, malgré ses bonnes intentions, éviter de donner lieu à des abus aussi graves que ceux mêmes qu'il voulait réprimer.

On a fait connaître les plaintes générales qui s'élevèrent de toutes les parties du Royaume en 1774; les réponses que la Régie y opposa, et le parti que prit M. Turgot de charger M. *de Fourqueux* et le Rapporteur actuel, de vérifier les faits qui y étaient allégués au Gouvernement.

La troisième Partie a présenté l'extrait de toutes les informations prises en 1775 et 1776 dans les Provinces du Royaume, par MM. les Intendans; et cet extrait, comparé même avec les calculs fournis par la Régie, constate que dans les quatorze premières années de l'établissement du droit de marque, la fabrication des cuirs et autres peaux était diminuée au moins d'un quart.

On a terminé cette partie, en observant que l'énormité des frais qu'exigeait la perception fut diminuée par la réunion, que fit M. *Necker*, de cette perception avec celle des autres droits confiés à l'Administration de la Régie générale : mais que cet avantage pour les finances a laissé la fabrique dans le même état de vexation.

La quatrième Partie contient le récit de ce qui s'est passé depuis l'année 1780, relativement au droit de marque des cuirs.

On y a fait sentir l'injustice et les funestes conséquences des sols pour livre imposés sous le ministère de M. *de Fleury.*

On y a rendu compte,

De ce qui avait été proposé à M. *d'Ormesson,* puis à M. *de Calonne,* au sujet du droit de marque des cuirs ;

Des réponses que la Régie a faites à ces propositions ;

Des tableaux qu'elle a présentés pour lors aux Ministres ;

Des conséquences qu'on en peut tirer ;

De la résolution que prit M. *le Comte de* VERGENNES, de forcer la main au Ministre des Finances, relativement à la nécessité de supprimer le droit de marque des cuirs, et d'y substituer une imposition moins onéreuse, en comprenant cet article dans ceux qui faisaient l'objet du traité de commerce avec l'Angleterre ;

Du concert avec lequel les deux Ministres s'occupèrent, depuis le traité, des moyens d'affranchir la fabrication et le commerce des cuirs des gênes et des vexations attachées à la perception de l'impôt, en assurant au Roi le même revenu ;

Des projets qui avaient été faits dans cette vue pour l'Assemblée des Notables ;

Du parti qui fut pris ensuite de ne pas présenter ces Projets aux Notables, et d'en réserver la discussion au Comité d'Administration du Commerce : établissement pour lequel on avait cru devoir prendre aussi le vœu des Notables, mais dont le plan n'a pas été mis sous leurs yeux, et qui n'a point eu lieu.

On a parlé des nouvelles plaintes adressées aux Notables par les Tanneurs, et de la connaissance approfondie qu'en a prise dès-lors M. *Lambert.*

Venant ensuite aux recherches que ce Ministre a ordonnées par ses lettres circulaires du mois de janvier dernier, on lui a présenté l'extrait des réponses qu'il a reçues ; et les rapprochant de celles qui étaient parvenues à M. *Turgot* en 1775 et 1776, on en a conclu que la fabrique avait continué de tomber en décadence, et qu'elle ne devait être aujourd'hui que sur le pied de moitié au plus de ce qu'elle était en 1759.

L'examen des tableaux de produits et de dépenses, que M. le Contrôleur-général a chargé la Régie de dresser, et qui ne lui ont été remis que le 9 juin dernier, ne contredit pas les résultats que l'on a tirés des autres recherches.

Il confirme, depuis 1776 jusqu'en 1784, une diminution progressive des produits ; ceux-ci se sont un peu relevés en 1785 et en 1786, par l'effet de la sécheresse, qui a forcé de

tuer une quantité prodigieuse de bestiaux et
de tanner leurs cuirs; mais malgré cet évè-
nement extraordinaire, la recette du principal
du droit est encore plus faible qu'elle ne l'é-
tait en 1776.

On a fait voir, au surplus, par la nature de
la chose, que l'augmentation de recette du
droit principal, qui a toujours eu lieu dans les
premières années qui ont suivi l'établissement
des différens sols pour livre (qu'on ne peut
certainement pas regarder comme une faveur,
et qui aurait dû causer une diminution) que cet
accroissement des produits prouve seulement
la plus grande rigueur de la Régie, et par
conséquent la calamité de la fabrique.

Les faits et la nécessité de la réforme du
droit de marque ayant été ainsi constatés irrésistiblement dans les quatre premières Parties
de ce Rapport, on a, dans la cinquième développé les différens Projets de remplacement
qui ont été présentés au Ministre.

On les a divisés en trois classes.

Ceux qui ont été proposés par les Tanneurs.

Ceux qui sont appuyés par des Compagnies.

Ceux qui n'ont d'autre soutien que la justice et la raison.

Dans la première classe sont les projets des
Tanneurs d'Orléans, des Tanneurs et Chamoiseurs de Niort, des Tanneurs d'Aurillac,

de M. l'Hoste de Mandre, Tanneur de Charleville, et de M. Rubigny de Bertheval.

Les Tanneurs d'Orléans, ceux d'Aurillac, et M. l'Hoste, proposent un abonnement, pour lequel le dernier indique avec soin tous les détails d'une Régie très-compliquée. On a remis à en discuter les inconvéniens avec ceux du projet de M. Brémond, qui rentre dans le même plan.

Les Tanneurs et Chamoiseurs de Niort proposent un droit sur les bestiaux vivans, qui reviendrait au doublement du droit d'Inspecteurs aux Boucheries. On a fait voir que ce droit n'étant perçu, à la rigueur, que dans les Provinces d'Aides, et étant abonné sur un pied fort au-dessous de sa véritable valeur dans les autres Provinces, ne pouvait, dans son état actuel, servir de base à la répartition générale d'une perception en remplacement du droit de marque des cuirs; et qu'on trouverait à établir un droit à l'exercice sur les Boucheries pour remplacer le droit de marque des cuirs dans les Provinces où les Aides n'ont pas cours, les mêmes difficultés qu'à l'établissement de l'exercice du droit d'Inspecteur aux Boucheries.

Quant à M. *de Rubigny*, en rendant justice à son zèle et à la multitude des vues qu'il a données, on n'a pu discuter aucuns de ses Projets, qu'il n'a que vaguement indiqués, dont il a souvent changé, et qui se rapprochent tous plus ou moins, ou de celui de M. l'Hoste, ou de celui des Tanneurs et Chamoiseurs de Niort.

Passant aux Projets *protégés*, il a fallu d'abord discuter à fonds celui de la Compagnie de M. de *Leval*.

On a montré que cette Compagnie ne proposait une augmentation de *cinq cent mille francs* de produit, qu'à la charge d'imposer cette augmentation sur la fabrique, sous le prétexte d'égaliser le sort des Provinces qui ont fait beaucoup de fraude, avec celui des Provinces qui n'en ont fait que peu.

Que cette répartition, nécessairement arbitraire, d'une surcharge de cinq cent mille francs sur les Provinces que la Compagnie jugerait qui devraient la supporter, ne serait qu'une occasion pour les Membres de cette Compagnie, qui se proposaient de faire des tournées dans le Royaume afin d'y régler les abonnemens, de mettre à contribution les différentes Communautés de Tanneurs, qui, à la faveur des *pots-de-vin*, pourraient espérer de porter pendant douze ans une moindre part de ces cinq cent mille francs.

Que le bail passé à cette Compagnie pour douze ans, sur le pied actuel accru de *cinq cent mille francs*, mettrait le Gouvernement dans l'embarras vis-à-vis des Cours et des Provinces, attendu qu'il emporterait une prorogation implicite pour dix années des huit sols

pour livre compris dans la contribution actuelle, et qui doivent finir au dernier décembre 1790.

Que cette Compagnie, d'après le plan qu'elle
a donné de son travail, n'aurait aucuns soins
à prendre pour sa Régie, que celui de recevoir
l'argent et le transmettre au Trésor Royal ;
puisqu'elle compte en faire faire la répartition
par MM. les Intendans, d'après les états de
fabrication que leur feraient passer les différens Corps de Contribuables, qui ne seraient
contrôlés que par la solidarité, par la peine
d'infamie prononcée contre les fraudeurs, et
la forte amende attribuée au profit des dénonciateurs : toutes formalités sur lesquelles
il y aurait beaucoup à dire, mais qui, si elles
étaient adoptées, pourraient être parfaitement
suivies par les Assemblées Provinciales, de
Département, et de Municipalités, produire le
même effet, et assurer également la perception, sans qu'il soit besoin de former pour
cela, ni un bail inutile, ni une Compagnie
oisive et onéreuse.

Enfin, l'on a fait remarquer que les *quatre*
millions de fonds d'avance, offerts par cette
Compagnie, ne seraient qu'un secours illusoire
pour les besoins momentanés du Gouvernement ; premièrement parce que la Régie générale aurait quelque droit de réclamer ces
quatre millions ; secondement parce que,
même en imaginant, comme on le croit en

effet possible, un moyen raisonnable et juste pour ne pas les lui rembourser, la Compagnie de M. *Leval* ne pourrait trouver cette somme que chez les mêmes Capitalistes qui l'auraient euë sans elle au service de l'État ; et qu'une Compagnie peu connue ne pourrait déterminer ces Capitalistes à les lui avancer, qu'en offrant, par un partage de profits, un intérêt excessif qui renchérirait encore le taux de l'argent; de sorte que le Gouvernemnt trouverait précisément quatre millions de moins à emprunter sur la place, et serait obligé d'y payer plus cher ses autres emprunts.

On a fait l'application de ce raisonnement à tous les autres fonds d'avance fournis par des Compagnies financières, et qui sont dans le vrai de mauvaises ressources pour le crédit.

On a conclu que, sous aucun point de vue, les offres de la Compagnie de M. de *Leval* ne devaient être acceptées.

Celles de la Compagnie de M. *Brémond* ont paru, quant à l'avantage des finances, calquées sur le même plan, dans la seule intention de couvrir les offres de la Compagnie de M. de *Leval*. Mais il a semblé aussi que M. *Brémond* ne s'était pas réservé les moyens de tenir ses engagemens, lorsqu'il avait offert *six cent mille francs* d'augmentation de revenu; dont il ne pourrait trouver les fonds que dans l'épargne des frais de perception, qui, selon les états remis par la Régie générale, ne se montent pas à six cent mille francs, et sur lesquels on observe qu'on ne peut en économiser qu'une partie, la Régie générale étant obligée de conserver, pour les autres perceptions dont elle est chargée, un grand nombre d'Employés qui concourent actuellement à celle du droit sur les cuirs.

On a loué le zèle et les vues de M. *Brémond* pour l'instruction et l'amélioration de la Fabrique. On se serait rapproché de son projet subsidiaire de Régie plus qu'on ne l'a fait de celui de Ferme, si l'on n'y avait trouvé 1°. l'inconvénient dont on a tâché de faire sentir le danger, de conserver toujours sur la Fabrique des cuirs, une imposition hors de toute proportion avec celles que supportent les autres Fabriques ; 2°. celui d'accroître l'esprit et les usages des Corporations et des Jurandes, qui doivent elles-mêmes être regardées comme d'autres impôts; 3°. des raisons de craindre qu'une imposition qui reviendrait à cinquante écus par tête d'ouvrier, et à plus de deux cents francs par tête de Maître, n'occasionnât, au bout de quelques années, beaucoup de non-valeurs.

On a donc cru que l'intérêt de l'État, celui de la Fabrique et celui du Commerce exigeaient que l'on adoptât un autre Projet.

Enfin, l'on a cherché quels pouvaient être les moyens les plus raisonnables de remplacer l'impôt sur les cuirs, et l'on a établi que si le Gouvernement peut abonner cet impôt aux Tanneurs qui souffrent de la vexation, mais qui sont obligés de se récupérer avec usure de leur dépense, tant sur les Propriétaires de prairies et de fourrages, et les Nourrisseurs de bestiaux, que sur les Consommateurs (ce qu'ils font et ont nécessairement fait, sans quoi il eût, dès le premier moment, été impossible de soutenir aucune Fabrique de cuirs) on peut, à plus forte raison, abonner ce même impôt par Provinces avec les véritables Contribuables, qui sont les Propriétaires des terres et les Consommateurs; et que le droit ne sera pas plus *dénaturé* par une espèce d'abonnement que par l'autre; qu'il n'y a point d'imposition nouvelle, où il y a soulagement évident.

On a fait voir ensuite que la possession des prairies étant entre les mains des Propriétaires de tous les Ordres, leur plus grande partie dans celles des Privilégiés, et les Citoyens des deux Ordres supérieurs étant aussi ceux qui font la plus grande consommation de cuirs, il est démontré, par la nature de la chose, que l'imposition pour remplacement du droit de marque sur les cuirs, doit être une de celles qui ne comportent aucun privilège; puisque l'effet du droit actuel frappe également et manifestement sur tous les ordres de Contribuables.

On a conclu que le Clergé même ne pourrait
se

refuser de prendre part à cette contribution ;
et les plus éclairés d'entre ses Membres ayant,
dans l'Assemblée des Notables, estimé ses
revenus à un dixième de ceux de la Nation,
on en a inféré que, soit que le Clergé conserve des formes particulières pour sa contribution, soit que les États-Généraux prennent
d'autres arrangemens à cet égard, cet Ordre
respectable devrait toujours, dans l'un et
dans l'autre cas, fournir un dixième du remplacement.

Pour répartir le surplus de la manière la
moins arbitraire qu'il soit possible, et la plus
propre à se perfectionner d'elle-même, tant
sur les Propriétaires que sur les Consommateurs, on a proposé d'ajouter quatre deniers
pour livre à toutes les impositions proprement
dites dans tout le Royaume, et à tous les
droits d'octrois et d'entrées de villes.

Cette opération paraîtrait laisser sur le produit actuel un déficit de *quatre cent vingt-
sept mille livres*. On a proposé d'en répartir
deux cent dix mille livres à titre d'augmentation de capitation, sur les *sept mille Tanneurs* et autres Fabricans de cuir en premier
apprêt, que l'on estime devoir être dans le
Royaume.

Quant aux deux cent dix-sept mille livres
restantes, il a paru constant que l'économie
que le Roi pourrait faire, par la qualité et la
durée, ainsi que sur le prix des cuirs et peaux

19

nécessaires à la consommation de sa maison, de ses chasses et de son armée, surpasserait de beaucoup cette somme.

On a d'ailleurs remarqué que la tenue prochaine des États-Généraux devait rendre moins difficile sur les calculs de remplacement, puisqu'il était constant que cette Assemblée ne pourrait laisser les finances en *deficit.*, et qu'elle pourvoirait d'une manière ou d'une autre à tous les besoins de l'État.

Cette réflexion a conduit à penser qu'il faudrait renvoyer à se décider, même sur l'admission définitive du projet de remplacement dont on avait montré les avantages, après qu'on aurait pu consulter à son sujet le vœu des Représentans de la Nation.

Mais en donnant aux États-Généraux cette marque de déférence et de confiance, relativement à l'arrangement définitif, par rapport auquel la prudence du Ministre peut hésiter de prononcer aujourd'hui, il a paru qu'il n'y avait point à balancer quant à la suppression présente des vexations et des abus qui accablent la fabrication et le commerce des cuirs.

On a donc jugé qu'il serait convenable, sous tous les aspects, de prendre un arrangement *provisoire*, qui, en assurant d'ici à la fin de 1789 le revenu du Roi sur cette partie, laissât aux États-Généraux toute liberté d'offrir les moyens ultérieurs de rem-

placement qu'ils jugeraient les plus conve-
nables.

L'idée de s'adresser aux Tanneurs et autres
Fabricans en cuir, dont on a montré les inconvéniens pour une imposition durable et
définitive, n'en présente aucun lorsqu'il ne
s'agit que d'un arrrangement provisoire, qui,
fût-il ordonné dès aujourd'hui, ne peut avoir
plus de quinze mois de durée.

On a donc pris pour conclusion générale,
d'ordonner le plutôt possible *que tout exercice du droit de marque des cuirs cessera
dans toutes les Fabriques; que* PROVISOI-
REMENT *les Tanneurs et autres Fabricans
de premier apprêt en cuirs et peaux seront
tenus solidairement, et par District, de
payer jusqu'à la fin de l'année* 1789, *de
mois en mois, aux Receveurs de la Régie
générale dans leurs Districts, la même
somme qu'ils ont payée pour le droit de
marque des cuirs dans les quinze mois correspondans des années* 1786 *et* 1787.

*Et que les Etats-Généraux soient mis à
portée de discuter les moyens définitifs de
remplacement que l'on vient de proposer ;
d'y faire telles modifications ou améliora-
tions qui leur paraîtraient utiles ; ou même
d'en proposer de nouveaux, s'ils en trouvent
de préférables.*

Cette manière de terminer cette grande
affaire sans Compagnie, sans bail, sans abon-

nement définitif, et d'arrêter le cours de tous
les maux présens, sans compromettre l'autorité dans un tems orageux et difficile , en
montrant, au contraire, de la part du Gouvernement, une prudence égale à la bonté
de ses intentions, a paru la plus digne de
la sagesse, de la bienfaisance et des lumières
de l'Administration.

***

PROJET D'ARRÊT DU CONSEIL.

Sur ce qui a été représenté au Roi, étant
en son Conseil, que le Droit de marque établi
sur les Cuirs et les Peaux, par Edit du mois
d'août 1759, exposait les Fabricans de cuirs,
et les ouvriers qui l'emploient ; à des formalités
embarrassantes et coûteuses, à des visites
domiciliaires dont le moindre effet est de suspendre ou de rallentir leurs travaux, et même
à des poursuites criminelles, uniquement fondées sur des soupçons de fausse marque,
d'autant plus incertaines, que les empreintes
qui s'appliquent sur les cuirs peuvent se déformer par les effets de la sécheresse et de l'humidité ; Sa Majesté a fait faire des recherches
pour constater l'état des Tanneries et autres
Fabriques de Cuirs et de Peaux dans son
Royaume.

Par le compte qui lui en a été rendu, Elle

a reconnu que cette branche de fabrication avait éprouvé une dégradation progressive très-considérable ; et qu'en même-tems que le Droit de marque et les formalités attachées à sa perception avaient nui à la fabrique, le faix de cette imposition était tombé sur les Propriétaires de prairies et de fourrages, sur les Nourrisseurs de bestiaux, et sur les Consommateurs de cuirs et de peaux, tant parce que les cuirs et peaux provenant des Boucheries nationales n'avaient pu être vendues aussi avantageusement que s'il n'y eût point eu de Droit de marque, que par l'augmentation de prix des cuirs fabriqués pour les Consommateurs, dans le tems même où la décadence des Fabriques diminuait la qualité et la durée de la marchandise.

Sa Majesté s'est en conséquence déterminée à supprimer dès aujourd'hui l'exercice du Droit de marque des cuirs, et à soulager ainsi les Fabricans de toutes les gênes et les vexations qui en étaient la suite, à la charge par eux d'acquitter provisoirement, et mois par mois, entre les mains des Receveurs de la Régie générale, d'ici à la fin de l'année 1789, les mêmes sommes qu'ils ont payées dans les mois correspondans des années 1786 et 1787 ; se réservant, Sa Majesté, de prononcer sur l'établissement et la répartition de l'imposition qui devra remplacer, dans les revenus de l'État, le produit du Droit de marque des Cuirs, d'a-

près le vœu que pourront former à cet égard
les États-Généraux, dont Elle a indiqué la
convocation pour le mois de mai prochain.

A quoi voulant pourvoir, ouï le Rapport,
Sa Majesté étant en son Conseil, a ordonné
et ordonne ce qui suit :

ARTICLE PREMIER.

L'exercice du Droit de marque des Cuirs
sera supprimé à compter du premier octobre
prochain. Défend, Sa Majesté, qu'il soit à
l'avenir fait, à l'occasion de ce droit, aucune
visite domiciliaire.

ARTICLE SECOND.

Les Tanneurs, Chamoiseurs, Mégissiers,
Parcheminiers, et tous autres Fabricans de
cuirs en premier apprêt, seront, par les Assemblées Provinciales, de Département, Municipales, et par les Pays d'Etats, chacun en
droit soi, provisoirement classés par Districts,
dans lesquels ils seront solidairement tenus,
au dernier dudit mois d'octobre prochain, de
payer, de mois en mois, entre les mains du
Receveur de la Régie générale de leur District
ou du District le plus prochain, le quinzième
de la somme qui a été payée audit Receveur
pour le Droit de marque des cuirs par leur
District dans les quinze mois correspondans
de l'année 1786 et de l'année 1787 ; sauf aux-
dits Fabricans de chaque District, à faire en-

tr'eux et à l'amiable la répartition de ladite somme, sous l'autorisation et inspection des Etats ou Assemblées Provinciales de leurs Provinces, qui rendront les rôles exécutoires.

ARTICLE TROISIÈME.

Ordonne, Sa Majesté, que tous les documens nécessaires pour établir ultérieurement la meilleure assiette et répartition de l'imposition qui devra remplacer, dans les revenus de l'Etat, le produit du Droit de marque des cuirs, seront remis aux Etats-Généraux, dont Sa Majesté a indiqué la convocation; pour, d'après le vœu desdits Etats-Généraux à cet égard, être définitivement ordonné par Sa Majesté ce qu'il appartiendra.

Fait au Conseil-d'État du Roi, Sa Majesté y étant, tenu à Versailles, le

FIN.

TABLE.

	Pages
Préface,	v—vij
Introduction,	1 — 4
Première partie. — De l'origine des Droits de Marque sur les Cuirs, et de ce qui s'est passé à leur sujet jusqu'à l'établissement du Droit unique,	5—26

Pages

Seconde Partie. — *Établissement du Droit actuel de la Marque des Cuirs.* — *Changemens arrivés dans sa législation.* — *Effets qu'il a produits depuis 1759 jusqu'à 1775,*   27—59

Troisième Partie. — *Extrait des informations prises en 1775 et 1776, sur l'état des Fabriques de Cuirs et de Peaux, et sur les effets produits par le Droit de marque : tiré du premier Rapport fait à M. Necker, en 1778,*   60—128

Quatrième Partie. — *Extrait de ce qui s'est passé depuis le ministère de M. Necker, relativement au Droit de Marque des Cuirs ; des nouvelles Réclamations qui se sont élevées ; des Réponses de la Régie ; et des nouveaux renseignemens que M. le Contrôleur-Général s'est procurés,*   129—194

Cinquième et dernière Partie. — *Examen des divers Projets proposés pour suppléer au droit de marque sur les Cuirs,*   195—274

Résumé général,   274—292

Projet d'Arrêt du Conseil,   292—295

Fin de la Table.

www.ingramcontent.com/pod-product-compliance
Lightning Source LLC
Chambersburg PA
CBHW032327210326
41518CB00041B/1459